Vaccin Libéral

*Contre le despotisme,
Contre le populisme*

©2022. EDICO
Édition : JDH Éditions

77600 Bussy-Saint-Georges. France
Imprimé par BoD – Books on Demand, Norderstedt, Allemagne

Illustration couverture : Sabine Nourrit
Réalisation graphique couverture : Cynthia Skorupa

ISBN : 978-2-38127-234-4
Dépôt légal : janvier 2022

Le Code de la propriété intellectuelle n'autorisant, aux termes de l'article L.122-5.2° et 3°a, d'une part, que les copies ou reproductions strictement réservées à l'usage privé du copiste et non destinées à une utilisation collective , et d'autre part, que les analyses et les courtes citations dans un but d'exemple et d'illustration, toute représentation ou reproduction intégrale ou partielle faite sans le consentement de l'auteur ou ses ayants droit ou ayants cause est illicite (art. L. 122-4).
Cette représentation ou reproduction, par quelque procédé que ce soit constituerait une contrefaçon sanctionnée par les articles L. 335-2 et suivants du Code de la propriété intellectuelle.

Jacques Garello

Vaccin Libéral

Contre le despotisme,
Contre le populisme

JDH Éditions
Essais

AVANT-PROPOS

Les élections présidentielles vont-elles se jouer sur le Covid et les vaccins ? Beaucoup d'analystes et de sondages le laissent penser, même quand j'écris ces lignes. Il est vrai qu'aujourd'hui, l'attention est surtout portée sur les risques d'un nouveau variant. En tout cas, la campagne aujourd'hui ouverte semble laisser de côté des débats et des choix qui conditionnent aussi la vie de la plupart des Français : comment éviter l'effondrement économique et le chômage massif, comment diminuer les prélèvements obligatoires qui les privent de plus de la moitié de ce qu'ils gagnent, comment en finir avec l'insécurité et les violences dans les quartiers « sensibles », comment améliorer le niveau de nos établissements scolaires, comment prévoir l'avenir des retraites, etc.

Jusqu'à présent, ces questions reçoivent deux réponses simples :

– Le despotisme : faites confiance à l'homme ou au parti providentiel, les solutions viennent d'en haut, une élite éclairée et bienveillante travaille à un nouveau monde plus prospère, plus juste, plus durable.

– Le populisme : tout ce que la classe politique peut proposer est sans intérêt, il faut une totale révolution économique, sociale, internationale.

Certes, les deux réponses sont liées : le populisme est révolte contre l'élite despotique, et le despotisme se veut scientifique face aux improvisations du populisme. Mais l'une et l'autre se complètent : les virus du despotisme et du populisme ne cessent de se répandre et de multiplier leurs méfaits ; depuis des décennies, voire des siècles, les Français n'ont pu bénéficier du vaccin libéral ; ici, les « antivax » ont toujours eu l'avantage.

Virus du despotisme

Les lésions du despotisme sont quotidiennement malfaisantes. Elles s'appellent jacobinisme, dirigisme, absolutisme.

Le jacobinisme fait que toute vie politique, économique, sociale, sociétale, internationale, est réglée par le pouvoir central, et qu'il ne reste aux collectivités locales qu'à s'aligner sur ce que l'Élysée et Matignon décident. La République est « une et indivisible ».

Le dirigisme se traduit par le poids de la réglementation et de la bureaucratie nécessairement associée, qui gouvernent désormais production et consommation de tous les biens et services de nature à satisfaire les besoins humains : transport, santé, éducation, logement, sport, culture, environnement, etc.

L'absolutisme signifie qu'il n'y a aucune limite au pouvoir exécutif : un pouvoir législatif réduit à l'obéissance depuis que l'élection de l'Assemblée est jumelée à celle d'un président élu au suffrage universel direct, un pouvoir judiciaire privé de toute indépendance. Au sein même de l'exécutif, le président bénéficie d'un pouvoir discrétionnaire et se veut en prise directe avec « le peuple ».

Virus du populisme

Le populisme démontre son importance en imposant sa loi dans la rue et dans les réseaux sociaux. Il appartient aussi bien à la gauche qu'à la droite. C'est **un virus de rejet** : de la loi (mais aussi du droit), du système économique (la mondialisation, la finance, la concurrence). Populaire, le populisme souffre des **imperfections de la démocratie représentative** et en conçoit un refus de la classe politique effectivement mal élue. Le populisme se nourrit aussi des **injustices de la politique « sociale »** menée par la classe politique : il dénonce les aides et privilèges de certains, tout en réclamant davantage de protection et de subventions à d'autres.

Les antivax : allergie au libéralisme

Le vaccin libéral n'a jamais été administré en France depuis bien longtemps. On le dénonce comme la source de tous les maux actuels. De toutes parts, dans tous les partis, on dénonce le « néolibéralisme » ou « ultra libéralisme » comme source de crise économique, d'inégalités sociales, d'impérialisme américain, chinois ou bruxellois (ou les trois[1]). Mais à observer plus largement l'histoire de la France, on constate que le vaccin libéral n'a jamais été toléré, et toujours rejeté. Il s'agit réellement

---

[1] Cf par exemple Éric Zemmour dans *Le Figaro* (5 décembre 2019) commentant *Le vrai libéralisme* de Pascal Salin.

d'une exception française[2], qui conduit nécessairement à un souverainisme intégral, comme si la France n'avait ni leçon ni relation à attendre du reste du monde.

Faute de n'avoir jamais connu ni la politique ni les principes du libéralisme, les Français, d'aujourd'hui comme d'hier, en restent à des caricatures et des peurs injustifiées, et refusent de se faire vacciner de sorte que les virus qui les détruisent se répandent sous divers variants.

Les chapitres suivants se proposent de rappeler l'histoire de l'exception française, puis d'expliquer pourquoi le vaccin n'est toujours ni connu ni compris, et enfin de connaître les principes libéraux et le programme de réformes qu'ils pourraient inspirer dès 2022. Ceux qui sont pressés peuvent aller directement à ce dernier chapitre, qui a le mérite de les éclairer sur ce que pourrait être leur vote en 2022.

---

[2] Jean Philippe Feldman, *Exception française : Histoire d'une société bloquée de l'Ancien Régime à Emmanuel Macron,* Odile Jacob, éd. mars 2021.

Chapitre 1
Histoire de l'exception française

> Que faut-il sauver aujourd'hui ? La France ? Les Français ? La nation française ? Non : l'État français.
> L'histoire nous apprend l'exception française : ce pays a été créé par un pouvoir politique désireux d'annexer des nations existantes. Pendant des siècles, l'État a transformé les populations en sujets d'une autorité centrale. Cet État sera sans cesse plus dirigiste, plus dépensier et plus endetté, plus protectionniste mais aussi plus arbitraire, plus autoritaire. L'État est dans la tête de tous les Français.

Debout la France, Oser la France, Objectif France, la France seule, sauver la France : beaucoup de candidats de formations diverses abordent la campagne en mettant en avant la grandeur de ce pays. Les anniversaires récents ont rendu hommage à Napoléon, à de Gaulle : ils auraient fait la grandeur de la France. Hostiles au pouvoir actuel, ces approches laissent entendre que la France n'est plus ce qu'elle était. Elle n'est plus la patrie des Lumières, ce n'est plus Versailles, l'Arc de Triomphe et les Champs-Élysées ont été maculés. La faute en incombe à coup sûr aux gouvernants actuels, même si les précédents n'avaient guère fait mieux.

Mais y a-t-il eu un déclin récent ? Il faut admettre qu'il y a une continuité saisissante. Il n'y a pas eu de rupture en 1981 (Mitterrand), ni en 1958 (Ve République), ni en 1944 (Libération), ni en 1936 (Front populaire), ni en 1870, ou 1848, ou en 1815, ni même en 1789, ni encore en 1715 (Régence), ni en 1628, ni en 1515 (date facile à retenir). La France a toujours été la même, et en marge de tous les autres pays dits civilisés.

Un État, pas une nation

La continuité française, c'est celle d'un État qui s'est développé au détriment de nations existantes. Une nation est une communauté de personnes unies par une culture (par exemple une langue, une religion, une cuisine), par des institutions (règles sociales qui permettent de créer la confiance entre les membres de la communauté).

Ce n'est pratiquement qu'au 19e siècle que les nations se sont donné des États. Le « principe des nationalités » a abouti à la naissance de l'État belge (mais Flamands et Wallons appartiennent à deux nations différentes), de l'État italien (mais la Lombardie n'est ni la Vénétie ni la Sicile), de l'État allemand (mais la Prusse n'est pas la Bavière). Le Royaume-Uni n'a jamais été très uni, l'Écosse et l'Angleterre se sont combattues pendant des siècles (et continuent), comme l'Irlande et le Pays de Galles. L'Espagne n'est pas celle de la Castille, mais aussi celle de la Catalogne, de l'Andalousie, de la Galice, etc. Plus significative encore : l'histoire des États-Unis où les nations ne se sont fédérées que très tardivement et pour des compétences très limitées, les États membres gardant leurs propres institutions, souvent héritées des nations d'origine[3].

Par contraste, le roi de France a étendu son pouvoir en annexant de diverses manières des nations déjà bien établies dans leurs mœurs et leurs aspirations : Bourgogne, Bretagne, Normandie, Aquitaine, Anjou, et plus récemment Corse et Savoie. La Royauté n'a cessé de placer tous les « Français » sous son giron, d'imposer sa monnaie (pour la fausser), ses impôts (Jacques Cœur), ses guerres (dragonnades). Demeurait cependant un certain degré de décentralisation avec les Parlements de province, que la Révolution a éliminés. La première fête de la première République se voulait « fête de la fédération » pour revenir à une autonomie provinciale (conformément aux préceptes de Montesquieu), mais dès 1792, les Girondins fédéralistes sont éliminés au bénéfice des jacobins, centralisateurs. L'aventure napoléonienne est avant tout celle de la création d'un empire français : le génie militaire de Napoléon lui permet d'exporter l'EÉat, la monnaie, le Code, dans tous les pays conquis. Le contraste était saisissant avec l'esprit et les institutions de l'Empire des Habsbourg, qui avait respecté les nations rassemblées sous la coupe d'une famille qui se voulait héritière du Saint Empire romain germanique et protégeait l'Europe contre l'Empire ottoman.

---

[3] La Pennsylvanie, terre des Suédois, la Louisiane peuplée d'immigrés arcadiens, l'Utah des mormons, la Californie des Espagnols, etc.

Ainsi est-il inexact de proclamer, comme le font certains, que l'État a créé la nation française, puisque c'est à l'inverse en transformant les nations en territoires d'État que les souverains ont donné consistance à la France[4].

Des sujets de l'État

Dans son remarquable ouvrage (mars 2021), le professeur Jean-Philippe Feldman énumère les caractéristiques durables de l'État français, des origines à nos jours. Il souligne évidemment que les vices et méfaits de l'État ont grandi avec le temps, mais les Français sujets de Philippe Le Bel ou Henri IV connaissaient pour l'essentiel les mêmes servitudes que celles dont souffrent les Français d'aujourd'hui. La République a eu beau proclamer des droits de l'homme et du citoyen et mettre la Liberté au fronton des monuments publics, elle n'a jamais libéré les citoyens. Qu'on en juge par les permanences de la politique menée par l'État sous des régimes différents :

L'État français n'a cessé d'être **centralisateur**, de gouverner à partir de Versailles, puis Paris, et de mettre en place sur tout le territoire des représentants à ses ordres, toujours plus puissants que les personnalités et assemblées locales : les missi dominici sont devenus les préfets, puis les inspecteurs des Finances. La noblesse se doit d'être à la Cour.

---

[4] C'est sans doute pourquoi toute « décentralisation » en France est faite d'un renforcement du pouvoir central.

L'État français n'a cessé d'être **dirigiste**, de contrôler toutes les activités, non seulement économiques mais également scientifiques et artistiques. Quand pointe la révolution industrielle, ce sont les Manufactures Royales qui ont pour mission d'innover et de produire. La monnaie n'a cessé d'être entre les mains du pouvoir, et l'État se fait banquier quand se développe le billet de banque. La règlementation règne sur le commerce. L'Empire dit « libéral » prend en charge les compagnies de transport, les banques d'affaires, les grands travaux, dans le cadre d'une société scientifiquement organisée par les saint-simoniens, ancêtres des énarques.

L'État français n'a cessé d'être **protectionniste**, hostile au libre-échange et au commerce mondial, au moment où Anglais et Hollandais importent et exportent pour le plus grand bien de leurs peuples. Napoléon (contrairement aux conseils de Jean-Baptiste Say) décrète le blocus pour fermer l'Europe aux produits anglais. Quelques années après le traité de commerce franco-anglais, le tarif Méline taxe les importations sur les produits agricoles : il faut sauver les paysans français.

L'État français n'a cessé d'être **dépensier et endetté**, et la pression fiscale a augmenté sans arrêt. En effet, comme on le dit aujourd'hui, il n'est pas nécessaire de rembourser les créanciers de l'État : pour Philippe Le Bel, il suffit de brûler le Grand Maître des Templiers ou de poursuivre les Juifs. C'est l'énormité de la dette accumulée par Louis XIV qui en 1789 provoque la convocation des États généraux et la Révolution[5]. Les dévaluations monétaires se sont multipliées entre les deux Guerres mondiales pour diminuer la pression sur les finances publiques.

L'État français n'a cessé d'être **arbitraire** et de violer les droits de l'homme. Alors que les Anglais obtiennent l'Habeas Corpus dès le début du 13ᵉ siècle, les lettres de cachet seront en vigueur jusqu'à la Révolution, mais la Terreur offre un triste exemple de justice expéditive et de génocide. Les droits de la défense ne pèsent pas lourd devant les tribunaux pénaux, et l'accusation est aux ordres du pouvoir. Le droit positif créé par l'État ignore de plus en plus le droit naturel et régit la vie privée.

L'État français n'a cessé d'être **confessionnel** et d'imposer sa religion. Réputée « fille aînée de l'Église » (catholique), la France participe activement aux guerres de religion et l'armistice de l'édit de Nantes est de courte durée[6]. Pour autant, il n'est pas question de se soumettre à la papauté et le gallicanisme s'affirme au fil des siècles. Le concordat et le sacre

---

[5] C'est Necker qui a produit des chiffres de la dette publique aberrants. Cette sous-estimation a conduit l'Assemblée à imaginer qu'il suffirait de confisquer les biens de l'Église pour rembourser cette dette. Finalement, le produit de la vente des « biens nationaux » a mené loin du compte et a décidé les révolutionnaires à émettre les assignats... par millions. Cf. Florin Aftalion, *L'Économie de la Révolution française,* Hachette, coll. « Pluriel », Réédition en 1996, PUF, coll. « Quadrige ».

[6] Il est vrai cependant que la France est (après l'édit de Nantes) le seul État où peuvent coexister deux religions. Louis XIV mettra fin à cette anomalie.

de Napoléon sont une humiliation pour le pape. À la religion chrétienne, la République (qui avait dès sa naissance détruit les églises et les temples) impose la religion laïque, qui est une atteinte inadmissible à la liberté religieuse. L'affaire Dreyfus démontre le poids de la politique sur la religion. Paradoxalement, la laïcité va devenir religion d'État.

L'État français n'a cessé d'être **totalitaire** en dominant tous les aspects de la vie quotidienne de ses sujets. Les Français sont assujettis, au sens fort du terme : ils ne savent plus vivre sans les décrets et les hommes de l'État, ils se tournent vers celui qu'ils croient être leur protecteur, mais aussi leur promoteur. La Boétie avait dénoncé dès le 16e siècle « la servitude volontaire », Bastiat définira l'État au 19e siècle comme « la grande fiction à travers laquelle tout le monde s'efforce de vivre aux dépens de tout le monde[7] ». Tout le monde se tourne vers l'État à propos de tout, puisqu'il a pris en charge toutes choses.

Aujourd'hui, il ne manque pas de partis et de personnalités qui se révoltent contre le poids de l'État, mais qui pensent défendre les libertés en faisant appel à l'État. L'État est dans la tête de tous les Français. Hier, il nous protégeait contre les Anglais, les Allemands, les Soviétiques. Aujourd'hui, il nous sauve du Covid et du réchauffement climatique.

Mais comment peut-on expliquer cette historique religion de l'État et cette servitude volontaire ?

---

[7] F. Bastiat, *Ce qu'on voit et ce qu'on ne voit pas*, Romillat éd., 3e édition, janvier 1994, préf. Jacques Garello.

Chapitre 2
Pourquoi la servitude ?

> La coercition est acceptée, la servitude volontaire : ce paradoxe de La Boétie est vécu dans un pays pourtant réputé libre. Quatre explications : le nombre de gens salariés par l'État, de gens privilégiés pour raisons électorales, de gens vivant de la redistribution de l'État Providence, et de la fausse solidarité qui tue l'épanouissement personnel pour fondre les individus dans le creuset collectiviste.

Pour répondre à cette question, il est nécessaire de distinguer la servitude et l'obéissance. Certes, toutes deux ont en commun d'amener un être humain à agir contre sa propre volonté. Mais l'obéissance est une sorte de servitude consentie ; celui qui obéit le fait de façon « naturelle » (suivant l'analyse de Jouvenel[8]). Qu'il y ait certains qui commandent et d'autres qui obéissent n'est pas étranger à l'espèce humaine. Cela semble naturel dans l'espace familial, tribal. Pour les croyants, il est naturel d'obéir à Dieu (mais pas nécessairement aux tyrans qui se réclament de Dieu pour asservir tout le peuple). L'obéissance devient servitude quand celui qui commande fait usage

---

[8] B. de Jouvenel, *Du Pouvoir : Histoire naturelle de sa croissance*, Genève, Éditions du Cheval ailé, 1945. Réédite en 1994, collection Pluriel, Hachette, 1972. La thèse de Jouvenel est que la démocratie renforce l'arbitraire du pouvoir. Le vote conduit au despotisme « *Citoyen un jour, sujet quatre ans* ».

de coercition sur celui qui obéit. La coercition est l'emploi de pressions physiques ou morales pour changer le comportement des individus.

La servitude est donc bien l'usage de la coercition. Elle détrut la volonté personnelle pour la soumettre à des hommes qui exercent ainsi un pouvoir arbitraire et tyrannique.

Cela dit, il est important de savoir comment, à l'heure présente, alors même que la liberté personnelle a été reconnue dans la plupart des pays du monde (communistes exclus), le peuple français peut accepter la servitude. Il n'est pas le seul : par exemple, la servitude régit ou menace les Américains, alors qu'à juste titre, les États-Unis étaient naguère tenus pour le pays de la liberté.

Il y a sans doute quatre explications majeures de ce paradoxe : la fonction publique, le clientélisme électoral, la redistribution sociale, la collectivisation du progrès. Tout cela va finalement déboucher sur « la tyrannie du statu quo » (Friedman).

La fonction publique : tous dépendants de l'État et heureux de l'être

On n'a pas intérêt à se révolter contre l'État quand on est payé par lui, même si l'on pense être mal payé. C'est le cas des fonctionnaires, et la France a le taux de fonctionnaires par habitant parmi les plus élevés d'Europe, deux fois celui de l'Allemagne[9]. Un fonctionnaire coûte cher : « Semez des fonctionnaires, il

---

[9] Alain Mathieu, *Le modèle anti-social français*, Ed. du Cri Contribuables Associés.

poussera des impôts », dit Clemenceau. Les effectifs de ceux de l'Éducation nationale étaient réputés les plus élevés du monde après l'Armée rouge. Les hospitaliers et les agents territoriaux bénéficient aussi du statut (immuable) de fonctionnaires. Mais les fonctionnaires au sens strict ne sont pas les seuls salariés dépendant de l'État. Il y a ceux qui travaillent pour des entreprises publiques (SNCF, La Poste, Engie, chantiers navals, aéroports, ports, etc.). Il y a encore toutes les personnes qui travaillent dans des entreprises qui passent des marchés publics avec l'État, par exemple celles du Bâtiment et des Travaux publics. Au total, il y a approximativement un Français actif sur trois qui a l'État pour employeur, pour actionnaire et financier, pour partenaire. En général, ce Français n'a pas à s'en plaindre, même si son salaire et ses tâches sont médiocres, parce qu'il a la sécurité de l'emploi et des privilèges appréciables (en matière de retraite, par exemple).

Le clientélisme électoral : la démocratie dévoyée

Quand on entend les discours et qu'on lit les programmes des candidats à quelque élection que ce soit, on ne manque pas d'observer que chaque catégorie d'électeurs est ciblée. Une campagne oblige à viser les vieux comme les jeunes, les paysans comme les ouvriers, les urbains comme les ruraux. Il est même possible de rechercher les voix de droite et de gauche en même temps. Constituer une clientèle électorale exige de faire des promesses : des logements, des allocations, des subventions, des interventions, des exemptions, etc. Certes, les promesses n'engagent que ceux qui y croient, mais en fin de compte, c'est bien l'argent public qui paiera les dépenses engagées à la suite de promesses électorales. En quoi ces élus sont-ils représentatifs du peuple ?

Voilà deux graves dangers qui menacent la démocratie.

D'une part, le scrutin n'est plus un choix sur ce que doivent faire les hommes de l'État, mais un catalogue de mesures sans cohérence autre qu'électorale. Il est de bon calcul pour la classe politique de cibler celui que l'on appelle « l'électeur médian[10] », c'est-à-dire celui dont la voix est nécessaire pour obtenir la majorité. Les candidats n'ont aucun intérêt à présenter des programmes inspirés par un choix de société ; il est bien préférable de chercher à séduire des électeurs malléables et sensibles aux mesures promises qui les concernent personnellement. Ainsi émerge une classe politique sans doctrine, qui aura toujours pour échappatoire le « pragmatisme » : elle fera ce qu'elle pourra – y compris tromper le peuple. En quoi cette démocratie est-elle représentative ? Un exemple frappant a été donné par les récentes élections régionales pour lesquelles il y a un scrutin de liste proportionnel avec prime majoritaire à deux tours.

On a vu des alliances plutôt surprenantes se nouer, et les rares électeurs qui s'étaient déplacés ont

---

[10] Cf. Buchanan et Tullock, *The Calculus of Consent*, 1962. Gordon Tullock, *Le marché politique,* ed. Economica, 1978 (traduction d'un ouvrage publié par *Institute of Economic Affairs*, Londres).

souvent eu le sentiment d'être totalement floués. De façon générale, l'abstention est un rejet de ces mœurs électorales, et permet aux hommes de l'État d'agir à leur guise.

La perversion de la démocratie peut aller plus loin encore : lorsqu'un parti n'a que peu de chances de gagner des scrutins décisifs, il peut asseoir sa popularité en attaquant violemment tous ceux que la majorité des gens n'aime pas. Ainsi les nazis ont-ils pris le pouvoir en Allemagne en 1933, alors même que les partis traditionnels cumulaient les votes dans tous les scrutins. Ils ont bâti une propagande contre les Juifs, contre les artistes et les intellectuels dévoyés, ils ont court-circuité les notables pour s'adresser directement au « peuple ». Ce populisme a également permis à Mussolini d'instaurer le fascisme en Italie. Ce précédent historique n'a-t-il pas quelque écho aujourd'hui en France ? La haine n'est-elle pas une façon de recueillir beaucoup de voix ?

Ainsi l'État passe-t-il entre les mains d'élus qui ne sont ni représentatifs du corps électoral ni sous contrôle des électeurs. La démocratie est « réduite à l'urne[11] », et le pouvoir étatique est à l'abri de toute ingérence citoyenne.

---

[11] Cette idée remonte (à travers Alain et d'autres) jusqu'à Jean-Jacques Rousseau, grand expert en démocratie. Il se moquait des Anglais qui votaient régulièrement pour des parlementaires dépourvus de tout pouvoir et sur lesquels ils n'auraient jamais aucun pouvoir (Du *Contrat Social*, tome 3, chapitre 7).

La redistribution sociale : l'État providence et arbitre

Aujourd'hui, en France, les dépenses de redistribution représentent un tiers du budget de l'État. L'État veut soutenir ceux qui ont été lésés dans leur vie. Cette aide n'a rien de personnel, elle est toujours catégorielle. L'influence des idées marxistes et socialistes est certaine : le système économique et social fondé sur la propriété privée et le marché conduit à l'exploitation des classes laborieuses. La « justice sociale » consiste à rétablir l'égalité des conditions de vie. À cet effet, il faut donc redistribuer les revenus entre classes sociales. De plus, puisque la seule origine de la valeur serait le travail, il faut éviter la spoliation des salariés par les employeurs. L'allié naturel du travaillisme est le syndicalisme, et non seulement l'État est le protecteur des syndicats, mais il est aussi « arbitre » entre les « partenaires sociaux ». L'État exerce donc ici une double mission : égalitariste et pacifiste.

Qu'en est-il en réalité ? L'égalitarisme pénalise ceux qui ont ardemment travaillé, épargné, entrepris, et la misère est au bout du compte pour les plus démunis. La liaison est rompue entre effort productif et rémunération : l'argent offert par l'État n'a aucun rapport avec l'activité de l'allocataire social, de sorte que le parasitisme se généralise. N'ayant aucune origine dans une contribution productive, l'argent de l'État est en fait un « faux droit[12] ». Cependant,

---

[12] Jacques Rueff, *L'Ordre social*, 1945, Librairie de Médicis, p. 78.

beaucoup d'économistes (« keynésiens ») prétendent que cet argent a pour mérite de stimuler les dépenses de consommation et d'investissement, donc de relancer une économie en crise. L'expérience démontre que cette idée n'a aucun fondement, et jamais une économie n'a été dopée par un surcroît de dépenses publiques[13].

Mais il y a plus grave : les personnes et les catégories sociales impliquées dans la redistribution des revenus ne sont jamais satisfaites. Ceux qui sont ponctionnés estiment qu'ils ont trop donné, et ceux qui sont subventionnés pensent qu'ils n'ont pas eu ce qu'ils attendaient. Finalement, l'illusoire lutte des classes devient réalité, une rivalité se crée entre les titulaires des « droits sociaux » que les lois et le budget de l'État leur garantissent. Une sorte de jalousie sociale[14] finit par les dresser les uns contre les autres, et le sentiment est que dans la politique d'égalitarisme, il y a des gens qui sont plus égaux que les autres. On attend donc toujours davantage de l'État, et on le prie d'aller toujours plus loin.

Dans notre pays, les syndicats sont prêts à jeter de l'huile sur ce feu. Ils sont très différents de la plupart des syndicats étrangers. D'une part, ils n'ont guère d'adhérents parce qu'ils n'ont pas la confiance des salariés. Cela se traduit par la faible participation des

---

[13] François Facchini, *Les dépenses publiques en France*, De Boeck, 2021. Cf ma présentation dans *Le Journal des Libertés* n° 12, printemps 2021.

[14] Jean Fourastié et Béatrice Bazil, *Le Jardin du Voisin : les inégalités en France*, Le livre de poche/Collection pluriel, 1980.

salariés aux scrutins pour désigner les représentants du personnel, et le taux de syndicalisation est inférieur à 15 % des salariés du secteur public, et à moins de 5 % des salariés du secteur privé. De la sorte, les syndicats ne vivent pas des cotisations de leurs membres, mais des dotations obligatoires que le droit du travail français leur reconnaît[15]. Non seulement les employeurs sont mis à contribution, mais l'État lui-même doit financer les syndicats ; de plus, les syndicalistes bénéficient de protections et d'exemptions inconnues ailleurs dans le monde. D'autre part, les syndicats français sont réputés « révolutionnaires » ou au mieux « réformistes ». La CGT s'inscrit naturellement dans le cadre de la lutte des classes, et multiplie les grèves et les conflits sociaux. Longtemps révolutionnaire et autogestionnaire, la CFDT est devenue réformiste, tout comme Force ouvrière, longtemps liée au Parti socialiste. Alors que la paix sociale devait être l'objectif des « partenaires sociaux », c'est bien l'État qui domine le jeu : à travers sa législation et sa politique, il fixe les conditions de travail, le niveau du salaire minimum, et récemment les méthodes de travail (télétravail). Il est l'arbitre d'un jeu social qu'il a lui-même imaginé. En se faisant passer pour la Providence, l'État prétend garantir l'harmonie sociale, et les Français lui en sont reconnaissants.

---

[15] Le rapport Perruchot qui donnait le détail sur le financement des syndicats français n'a pas été discuté à l'Assemblée nationale (en 2019).

La collectivisation du progrès : fin de l'épanouissement personnel

Peut-être la servitude a-t-elle pénétré l'esprit de la plupart des Français, heureux ou inconscients de leur dépendance de l'État. Toujours est-il qu'ils sont invités par l'État à viser un progrès collectif. Au nom de l'intérêt général ou du bien commun, ils deviennent persuadés que le bien-être doit être partagé entre les membres de la communauté nationale, et que les hommes de l'État y travaillent avec ardeur et talent. Par contraste, ceux qui veulent assurer leur propre promotion sont taxés d'individualistes qui manquent de fraternité et de solidarité. Le discours a été particulièrement virulent pour dénoncer ceux qui refusaient le masque, le confinement ou la vaccination.

Rien n'échappe à la collectivisation[16]. Évidemment, on accepte l'idée que l'économie, l'emploi et le niveau de vie ne peuvent s'améliorer que grâce aux choix de l'État : investissements publics planifiés, échanges extérieurs organisés par des traités multilatéraux (ou strictement européens), épargne récupérée pour financer les priorités du gouvernement, dette publique qui sera indolore puisque partagée entre générations ou simplement à charge des créanciers ou d'autres peuples. À l'école, pas question de notes ni de classements : tous au même

---

[16] Un sommet a été atteint avec le programme du candidat Fiole, maire de Grenoble, qui a proposé la création de 20 000 fermes d'État. Aucun rapprochement avec les sovkhozes ne saurait être fait.

niveau (le plus bas, puisqu'il est accessible à tous). La classe progresse, pas les écoliers. Le souci de sauver la planète, bien exprimé par la Convention Citoyenne pour le Climat, vaut bien des masses de crédits et de règlementations : tant pis pour ceux qui se chauffent au gaz et ont des véhicules diesel. Il faut consommer des produits français, recycler au lieu de remplacer. Enfin, et non des moindres, la vie privée devra se plier aux nouvelles règles éthiques et esthétiques édictées par le pouvoir.

Toutes ces innovations sont légitimées par le projet de bâtir une société harmonieuse, prospère et durable, dont les individus n'ont pas à s'occuper : l'État œuvre pour un futur commun, pour le bien de la communauté entière.

La conséquence inéluctable de cette collectivisation du progrès est la dramatique disparition de l'effort, du mérite, voire du travail. Beaucoup de Français ont désappris l'initiative personnelle, et encore plus l'épanouissement personnel par le développement de leurs capacités. Être différent ? Chercher à faire mieux ? Se donner des objectifs, répondre à une vocation ? Voilà des comportements laminés par l'État qui pense, agit et programme pour ses sujets. Voilà d'un côté le constructivisme étatique, la « fatale présomption[17] » de construire scientifiquement la

---

[17] Friedrich (von) Hayek, *La présomption fatale : les erreurs du socialisme*, trad. R. Audoin, Paris, Presses universitaires de France, 1993. Titre original : *The Fatal Conceit: The Errors of Socialism*, 1988.

société parfaite, utopique, et d'un autre côté des individus massifiés et grégarisés, prêts pour « la servitude volontaire ».

Tyrannie du statu quo et malheurs des Français

Le sort des Français assujettis à l'État peut-il s'améliorer ?

Le souverainisme, oubli du contexte international, ne saurait se prolonger. Dans tous les domaines, les Français seront obligés de s'adapter et d'accepter des réformes structurelles. C'est d'ailleurs ce qu'ont fait tous les pays comparables à la France. Seules la Russie et la Chine peuvent se permettre de conserver un État totalitaire et des gouvernants inamovibles. Par contraste, au sein même de l'Europe, tous les pays ont bénéficié de changements décisifs (sans que Bruxelles y soit pour grand-chose).

On dit à juste titre que la France ne sait pas faire des réformes, donc elle est condamnée à des révolutions. Le drame, c'est qu'une fois les révolutions faites, on retrouve les erreurs que l'on avait voulu éliminer ; en particulier, on retrouve le poids de l'État, souvent aggravé.

Pour l'instant, l'État bloque toute adaptation, personne n'a intérêt à se révolter contre l'État. Les adaptations rencontrent précisément l'inertie bureaucratique, le moindre changement prend des mois, la masse législative et règlementaire est inextricable à court terme. Récemment, certains Français ont cru qu'il était nécessaire de « dégager » une classe politique âgée et usée, mais la nouvelle classe reprend toutes les habitudes de l'ancienne, avec seulement plus d'agressivité et d'incompétence. Le dévoiement de la démocratie y est pour quelque chose. Dans ces conditions, les malheurs qui guettent les Français pourraient être très lourds :

– une perte totale de compétitivité pour les entreprises, donc un chômage massif ;

– une émigration du capital financier mais surtout du capital humain (expatriation des jeunes et des cadres) ;

– un endettement croissant et une inflation ouverte ;

– une radicalisation des mécontentements et des revendications ;

– une tension croissante entre catégories sociales, entre communautés, entre les autorités locales et centrales.

Comment échapper à ces sombres perspectives ? Le paradoxe est qu'en France, nombreux sont ceux qui pensent qu'il faudrait arrêter les méfaits actuels de l'État, mais en viennent à souhaiter « un coup d'État » ! Il y a mieux à faire.

Chapitre 3
Caricatures du libéralisme

> Pas enseigné, pas pratiqué, le libéralisme est caricaturé : loi de la jungle, vol organisé, égoïsme débridé, inégalités croissantes, victoire de l'avoir sur l'être, société de consommation, concurrence sauvage, obsession de la rentabilité, etc. Il est facile de réfuter ces attaques : la réalité est autre.

Il y a mieux à faire : il est temps d'appliquer les vrais principes libéraux. Pourquoi préciser les « vrais » principes ? Parce qu'il est dit beaucoup de choses ridicules et mensongères à propos du libéralisme, et ce n'est pas par hasard : les antivax sont à l'œuvre.

Le libéral à la mode américaine

Il faut tout d'abord dénoncer le mensonge qui consiste à définir le libéral à la mode dite américaine, mais devenue récemment à la mode française.

Le « libéral » américain est tout le contraire d'un libéral classique. Il n'existe en fait que depuis les années 1930 quand les socialistes anglo-saxons, principalement américains, ont prôné et réalisé, notamment avec Roosevelt, une politique tendant à confier à l'État le rôle d'organisateur de la société[18]. Aux États-

---

[18] John Dewey a été le théoricien de ce mouvement, il inspire encore les démocrates à l'heure actuelle. J.F. Kennedy et Obama l'ont souvent cité.

Unis, la planification économique a été mise en place, les nationalisations se sont multipliées, les pouvoirs fédéraux ont été renforcés. Pourquoi les tenants de cette révolution voulaient-ils se dire « libéraux » ? Parce qu'il s'agissait de libérer le peuple du système capitaliste auquel les socialistes attribuaient la crise de 1929 et le chômage naissant (que Roosevelt ne cessa de multiplier jusqu'à le rendre massif[19]). Aujourd'hui, en France, on voit l'extrême gauche (et en particulier les Insoumis) se déclarer libérale pour soulever le peuple contre un régime dénoncé artificiellement comme complice des riches. Il n'y a pas eu autant de défenseurs de la liberté dans notre pays, y compris de gens qui souhaitent la révolution prolétarienne. L'adjectif « libéral » est confisqué et trafiqué comme l'adjectif « démocratique » pour jadis qualifier les républiques communistes d'Europe Centrale et de l'Est, et aujourd'hui désigner les dictatures algériennes ou autres. Certes, le pouvoir en place chez nous aujourd'hui a multiplié les atteintes à la liberté individuelle en prenant notamment le prétexte de la pandémie. Mais de là à faire honneur à notre gouvernement en le dénonçant comme « libéral », voire « néo ou ultra libéral » (c'est ce que fait en particulier l'extrême droite), il y a méprise et mensonge.

Plus mensongers encore, et ceux-ci de façon délibérée et inacceptable, ceux qui se réfèrent aux grands

---

[19] Contrairement à une idée reçue, c'est avec le New Deal que le chômage ne cessera de croître, avec un quart de la population active sans emploi en 1938. Jamais Roosevelt n'a réussi à relancer l'économie américaine.

noms et aux grands thèmes du libéralisme classique pour soutenir que l'État est le seul à pouvoir réformer l'État, et ils voient volontiers le président actuel à la tête de cette tranquille révolution, au cours d'un nouveau mandat, bien sûr. Pourquoi ces gens-là ont-ils le front de s'afficher « libéraux » ? Pourquoi aiment-ils le despotisme au prétexte qu'il se dit « éclairé » ? Le libéral classique n'aime pas le despotisme.

Il est vrai que tous ces mensonges sur le libéral et le libéralisme font mouche dans un pays qui depuis des siècles n'a pratiquement jamais connu ni vécu une politique libérale. C'est pourquoi il convient d'insister sur ce que n'est pas le libéralisme. Voici ce qu'on entend dire du libéralisme, et ce qu'il n'est pas. La liste est hélas assez longue.

– Le renard libre dans le poulailler libre : « *Entre le fort et le faible, entre le riche et le pauvre, entre le maître et le serviteur, c'est la liberté qui opprime et la loi qui affranchit.* » Célèbre sentence de Lacordaire, mais tout à fait ambiguë, car les êtres humains seraient-ils, à l'image des animaux, condamnés à des rapports de force ? Leur liberté est aussi d'aimer et de servir les autres. Et quelle est la loi à laquelle Lacordaire se réfère ? Si c'est celle de l'État ou du Parlement, elle peut bien souvent opprimer et asservir pour avantager une minorité au pouvoir. Le droit positif est moins efficace que les accords spontanés inscrits dans les contrats, les arbitrages, la coutume.

– La propriété, c'est le vol : Tout aussi célèbre sentence de Proudhon, qui la reniera en fin de compte.

L'être humain affirme son identité et sa personnalité en développant ses capacités, et à travers ses œuvres propres. Ne pas reconnaître ce que chacun a en propre, c'est l'aliéner, le réduire à un simple numéro comme l'ont fait les régimes collectivistes : *L'homme naît propriétaire* (Bastiat[20]). *On ne gère bien que ce qu'on possède* (Aristote).

– Le triomphe du « chacun pour soi » : L'intérêt personnel ne signifie pas l'ignorance des autres. Tout au contraire, nul ne peut se suffire à lui-même et on ne peut satisfaire ses propres besoins qu'en satisfaisant le besoin de quelque autre. L'échange est aussi le propre de l'homme. *On n'a jamais vu des chiens échanger des os* (Friedman). C'est le souci des autres (empathie[21]) qui apporte satisfaction et concourt à l'intérêt général. Le libre-échange est « catalectique » : il transforme des intérêts opposés en accord réciproque. Une société libre est une société où règne la confiance mutuelle.

– Entre riches et pauvres, l'écart se creuse : Sans doute le plus grand mensonge actuel. Les menteurs manipulent les statistiques et en particulier ne tiennent aucun compte des revenus de redistribution largement perçus par les personnes dont les revenus d'activité sont insuffisants. Les indices de dévelop-

---

[20] « Propriété et loi », pamphlet dans *Ce qu'on voit et ce qu'on ne voir pas,* op. cit. p. 121. Par comparaison, la formule d'Aristote est plutôt utilitariste.

[21] Adam Smith, *Théorie des sentiments moraux*, 1759.

pement humain[22] prennent en compte non seulement le produit par habitant mais aussi l'espérance de vie à la naissance et le niveau d'éducation des enfants. Les famines ont disparu, en moins d'un siècle, sept milliards et demi d'êtres humains ont pu survivre, et les pays naguère du « tiers-monde » sont aujourd'hui « émergents » quand ils ont accepté la liberté économique.

– L'avoir et l'être : *La société de consommation a privilégié l'avoir au détriment de l'être :* c'est Jacques Delors qui prétendait que la rentabilité et la productivité poussaient les entreprises à asservir les consommateurs en leur imposant des biens et services qu'ils ne désirent pas réellement. Aujourd'hui, il est aussi jugé indispensable de ralentir la croissance pour économiser les ressources naturelles menacées par l'appât du gain. Mais qui peut dire ce qui est nécessaire ou superflu ? Les choix du consommateur sont purement personnels, et il est difficile de juger les préférences des autres. Quant à la dignité de l'être (à travers ses choix), c'est sans doute affaire d'éducation et de responsabilité plutôt que de consommation.

– La concurrence sauvage : Cette idée participe sans doute d'une fausse conception de la concur-

---

[22] Entre 1980 et 1917, l'Indice de Développement Humain (IDH) a augmenté d'environ 20 à 35 % dans les pays de l'OCDE, et il a très souvent doublé dans les pays constituant jadis « le tiers-monde ». Échappent à la croissance de l'IDH les pays régis par la dictature ou théâtres de guerres.

rence qui impliquerait que tous les concurrents soient égaux (il faudrait donc « harmoniser la concurrence »). Tout au contraire, la concurrence signifie la diversité, qui permet la sélection et la découverte de meilleurs biens et services. Mais cette idée est accréditée par une réalité incontestable : les États font tout pour protéger et promouvoir les producteurs nationaux et bloquer la concurrence étrangère élargie par la mondialisation. Ainsi existe une collusion entre monde des affaires et classe politique : c'est ce qu'on appelle « le capitalisme de connivence ».

– **À qui profite la loi du profit ?** Aux grandes sociétés internationales, comme les GAFAM, dit-on. Mais les profits concernent aussi des millions de PME, notamment des « start-ups ». En fait, la méfiance à l'égard du profit et de la rentabilité vient de Marx, qui a fait du profit une rente pour les capitalistes constituée au détriment des salariés qui ne reçoivent jamais leur dû. La réalité est autre : dans une entreprise, tout le monde « profite » de la performance réalisée. D'ailleurs, le profit est un signe de bonne gestion. C'est aussi un signal du marché ; comme les prix relatifs, il révèle les priorités exprimées par la communauté. Il rémunère l'art d'entreprendre (*entrepreneurship*[23]) démontré par l'entrepreneur individuel ou les administrateurs des sociétés sous gouvernance des associés et actionnaires.

---

[23] Israel Kirzner, *Perception, Opportunity and Profit: Studies in the Theory of Entrepreneurship*, Chicago, University of Chicago Press, trad. française Raoul Audouin, *Concurrence et esprit d'entreprise*, éd.Economica, 2005, préface de P. Garello.

Chapitre 4
Nature et principes du libéralisme

> Le libéralisme ne se réduit pas à sa dimension économique. Il se définit par quatre principes liés à la nature spécifique de l'être humain : liberté, responsabilité, propriété et dignité. Mais il ne peut exister durablement que dans un environnement institutionnel qui a fait peu à peu son chemin dans les pays libres : un pouvoir limité, la subsidiarité, l'état de droit, le libre marché. Cet environnement est actuellement très perturbé, voire oublié, et pas seulement en France. La mondialisation est aux antipodes du « néo-libéralisme », elle est régie par un « capitalisme de connivence ».

D'Aristote à Hayek, en passant par Thomas d'Aquin, Locke, Smith, Turgot, Bastiat, Menger, Mises, Eücken et Friedman, les principes du libéralisme ont été expliqués avec une belle unanimité parmi des centaines de philosophes, juristes, économistes, politologues et anthropologues. Mais ces auteurs ne sont guère étudiés dans nos Écoles Normales, nos grandes écoles, nos Universités, ils sont inconnus à Sciences Po et à l'ENA.

Un économisme ?

Les libéraux « classiques » ne se limitent pas à prôner l'économie de marché. Ce réductionnisme permet à certains de proposer une combinaison entre liberté économique et despotisme politique, alors même que l'état de droit, la propriété privée et la subsidiarité sont tout aussi déterminants pour une société de libertés. Le libre-échange et la libre entreprise sont choses nécessaires, mais pas suffisantes. Elles n'ont d'ailleurs que peu de chances de perdurer dans un pays de dictature politique ou religieuse (ou les deux). Il est donc important de poser dès le départ que le libéralisme n'est pas un économisme et ne concerne pas principalement les questions d'argent, de croissance ou de développement.

Un carré magique : liberté, responsabilité, propriété, dignité

Il est possible de résumer le libéralisme en articulant quatre concepts, c'est-à-dire en précisant qu'il n'y a pas de liberté sans responsabilité, que liberté et responsabilité appellent la propriété, et que liberté, responsabilité et propriété sont éclairées par la dignité de l'être humain.

– Pas de liberté sans responsabilité

La liberté n'est pas la licence, elle ne signifie pas que l'individu peut faire et dire tout ce qu'il désire. Il doit au contraire assumer la responsabilité de ses actes, reconnaître les erreurs qu'il a commises sans s'abriter derrière des considérations sociologiques ou idéologiques. La responsabilité est personnelle, elle n'est jamais collective ou sociale. Mais la responsabilité conduit aussi à prendre en compte les besoins et les intérêts des autres personnes et à assumer ses obligations envers elles.

– La propriété est la reconnaissance des capacités personnelles

Si être responsable, c'est répondre de ses actes, être propriétaire, c'est être reconnu pour ses réalisations personnelles. La propriété permet à chacun d'identifier ce qu'il a en propre, ce qu'il a réalisé grâce à la mise en œuvre de ses capacités. La propriété est un facteur de progrès en stimulant l'épanouissement personnel et le sens de la responsabilité. La propriété est un facteur de stabilité et d'harmonie parce qu'elle permet de s'inscrire dans le temps par la constitution et la transmission d'un patrimoine.

– La liberté ordonnée à la dignité

La liberté n'est pas une fin en soi, c'est un chemin. Elle permet à l'être humain de détruire et de se détruire. Mais elle est aussi le chemin vers le bien et le beau, deux concepts ignorés du monde animal, qui marquent la spécificité de l'être humain et lui donnent sa dignité. « *Liberté des actes, dignité des personnes[24].* » La dignité grandit avec l'expérience vécue, à travers le processus d'essais et d'erreurs qui jalonnent une vie. Encore faut-il être libre et responsable de ses actes.

Les institutions de la liberté

Les valeurs du libéralisme ne sont praticables et pratiquées que dans un environnement institutionnel

---

[24] Formule de Jean-Paul II reprise pour thème pour la 25e Université d'Été de la Nouvelle Économie, Aix-en-Provence.

propice. L'histoire a démontré que les peuples libres ont bénéficié et bénéficient encore de règles simples et efficaces : la limite du pouvoir politique, la subsidiarité, l'état de droit, le marché libre.

– Le pouvoir limité

La liberté est absence de coercition (Hayek[25]). La coercition consiste à empêcher un individu (par la force ou la pression morale) d'agir contre sa volonté. Mais il est des cas où la coercition est tolérable : pour assurer le respect des biens et des personnes. Mais qui détient ce pouvoir de coercition ? Une solution, relativement moderne, est de confier le monopole de la coercition à l'État. Mais une fois le monopole installé, comment éviter l'abus de pouvoir ?

Certes, les individus ont la possibilité d'émigrer : dans les années 1930, les Juifs ont quitté l'Allemagne, l'Autriche et l'URSS ; aujourd'hui, des milliers d'Africains fuient les dictatures. Mais il est sûrement préférable d'instituer des limites au pouvoir de l'État.

On croit souvent (notamment en France) que la République et la démocratie sont des régimes politiques hors de danger. Mais apparemment le régime importe peu : des démocraties républicaines (comme la nôtre) débouchent sur le despotisme absolu ; des monarchies ou des oligarchies parlementaires sont très libérales. On évoque aussi l'efficacité

---

[25] F.Hayek, *The Constitution of Liberty*, University of Chicago Press, 1960. Traduction française Raoul Audouin et Jacques Garello, *La Constitution de la liberté*, Litec, collection Libéralia, 1994.

des constitutions pour fixer avec précision l'organisation du pouvoir, en particulier en le divisant entre exécutif, législatif et judiciaire. Mais les constitutions doivent être à l'abri des interprétations et des changements que le pouvoir veut introduire. La France détient un record en matière de constitutions, et cependant, les régimes les plus despotiques se sont succédé. Le contrôle de constitutionnalité laisse beaucoup à désirer en France[26], alors que la Cour Suprême aux États-Unis et la Cour de Karlsruhe en Allemagne ont le plus souvent veillé à la lettre et à l'esprit des constitutions dont elles ont la garde.

En fin de compte, les limites du pouvoir consistent essentiellement à confiner l'État dans ses missions dites « régaliennes » : garantir la sécurité des personnes et des biens, et le faire à titre subsidiaire. Pour tenir l'État à l'intérieur de limites étroites, il faut évidemment lui laisser le moins d'autonomie financière possible. Tout débordement implique un accroissement des dépenses publiques. C'est donc le vote de l'impôt et le sens qu'on lui donne qui seront décisifs. Pour assurer ses missions régaliennes, l'État ne devrait pas dépenser plus de 15 % du PIB : c'est-à-dire quatre fois moins que ce qu'il dépense actuellement en France (on peut paradoxalement relever que les budgets de la justice, de la police et de la

---

[26] Introduit dans la Constitution de la Ve République, le Conseil Constitutionnel souffre à la fois de sa composition très politique et des modifications incessantes apportées au texte constitutionnel (par exemple l'introduction du principe de précaution).

défense sont ridiculement faibles). L'État français fait peu et mal pour assumer ses missions régaliennes, il fait beaucoup et mal pour s'occuper de tout le reste, y compris de votre vie privée.

– La subsidiarité
C'est la clé de voûte du libéralisme politique : que l'État ne fasse que ce qu'il est le seul à pouvoir faire, qu'il n'intervienne dans la société qu'à titre subsidiaire.

La subsidiarité est horizontale : la société civile doit décider et s'organiser sans que la société politique s'en occupe. Les individus, les groupes, les entreprises, les familles sont susceptibles de régler à leur niveau les problèmes qu'ils rencontrent. Ceux qui décident doivent être ceux qui sont les plus directement concernés par la décision à prendre. Ils n'ont en général nul besoin d'une autorité supérieure pour savoir quelles dispositions doivent être prises, le recours à la coercition n'est pas nécessaire : ils vivent dans la confiance et l'harmonie.

La subsidiarité est aussi verticale : au sein de la société politique, les autorités locales (comme les municipalités) peuvent régler la plupart des problèmes. Ce n'est que dans certains cas que les citoyens préféreront trouver une solution au niveau régional. De la sorte, l'État n'a que très rarement à intervenir : il sera alors l'ultime recours, une fois toutes les autres procédures et possibilités exploitées.

Il est remarqué et remarquable que le pouvoir soit plus libéral dans les pays fédéraux. Les États membres d'une Union fédérale (États-Unis), les cantons suisses ou les Länder allemands donnent une bonne image de ce qu'est la subsidiarité. Ils tranchent singulièrement avec le centralisme jacobin qui n'a cessé d'asservir les pouvoirs locaux, notamment en les privant de toute autonomie financière[27]. Les institutions européennes ont évolué dans le sens français : Bruxelles veut concentrer le pouvoir et détruire la souveraineté des États membres, notamment en construisant un droit européen obligatoirement intégré dans les législations nationales. Dans sa préparation du traité de Maastricht, Jacques Delors avait choisi une subsidiarité à l'envers : le traité devait indiquer les compétences que la Commission européenne voudrait bien réserver aux gouvernements nationaux. Cette inversion se renforce actuellement avec la présidence d'Ursula von der Leyen au prétexte d'impératifs écologiques.

– L'état de droit

Mais comment neutraliser les abus de pouvoir quand les dirigeants font eux-mêmes la loi et ne respectent plus les droits individuels ? La liberté exige l'état de droit, une situation où toutes les personnes, y compris celles qui détiennent le pouvoir, sont soumises aux mêmes règles du jeu social.

---

[27] Gérard Bramoullé, *Libertés et finances locales* : *Pourquoi l'explosion des impôts locaux ?* 2006, Librairie de l'Université Aix-en-Provence, IREF éd., préface de Jacques Garello. *Le Livre Noir de la Fiscalité Locale*, Economica, 2006.

L'état de droit n'est satisfait ni par le droit positif, (textes votés par le législateur du moment) ni par la jurisprudence construite par des magistrats soumis à l'État. Bastiat a sévèrement critiqué Jean-Jacques Rousseau qui soutenait que la loi votée par les représentants du peuple était la seule source du droit[28]. Bien souvent, à l'image de Richelieu, on imagine la souveraineté de l'État comme origine de toute règle sociale. C'est ignorer que le rôle du droit est avant tout de fixer les règles de la vie en commun et en ordre, mais pas un ordre créé artificiellement par des hommes, mais un ordre distillé par un processus d'essais et d'erreurs qui accompagne l'expérience de générations successives. L'opposition entre ordre créé (daté et signé par le pouvoir) et ordre spontané (jailli de toute l'histoire de la communauté et sans paternité précise) est un point capital de la philosophie juridique libérale. C'est dans le pamphlet de Bastiat « La loi et la propriété » qu'est expliquée la hiérarchie entre droit positif et droit libéral : la loi du législateur n'est pas source de la propriété, car la propriété est un attribut naturel de l'être humain qui ne peut s'épanouir, forger son identité et sa dignité qu'à travers des œuvres liées à ses capacités propres. La loi ne crée pas la propriété, elle n'est utile que pour protéger la propriété individuelle[29].

---

[28] « Propriété et Loi », pamphlet dans *Ce qu'on voit et ce qu'on ne voit pas,* op. cit., p.119.
[29] Idem loc.

En faisant référence à la nature de l'être humain, on introduit implicitement le concept de droit naturel. L'émergence et l'évolution de l'ordre spontané ne proviennent ni d'un contrat social scellé une fois pour toutes, ni d'un darwinisme social aveugle, mais de la recherche permanente de modes de vie compatibles avec la nature profonde de l'être humain. Le droit naturel participe, comme le libéralisme, d'une philosophie humaniste, et si les croyants font facilement le lien entre droit naturel et droit divin (dont ils ne saisissent d'ailleurs pas toute la dimension si l'on suit Saint Thomas et la théorie de la connaissance négative), tous les tenants de l'humanisme conviennent que la perfection n'est pas de ce monde et que nous sommes tous en état de recherche, et il n'existe aucun pouvoir, aucune élite, fût-elle élue démocratiquement, qui peut prétendre fixer des lois immuables.

Il y a certes mésentente sur la nature de la démocratie : à l'ancienne, comme chez les Grecs, elle est confisquée par quelques-uns, peu importe la procédure de leur choix (comme la majorité électorale) ou à la moderne, comme dans les pays libres, où elle permet de reconnaître et protéger le droit des minorités et de la plus petite des minorités : l'individu. Cette opposition, mise en évidence par Benjamin Constant, est d'un réalisme saisissant : il est des pays où les droits individuels, y compris le droit à la propriété privée, sont respectés – et l'État y concourt puisque c'est sa seule mission et sa seule légitimité – et d'autres où l'État se croit tout permis et impose sa loi au bénéfice de quelques-uns et au détriment des autres.

L'égalité devant la loi est donc un critère de l'état de droit. Le critère n'est pas satisfait quand l'État fait son droit et quand les hommes de l'État et de sa clientèle se placent au-dessus et à l'écart des autres. C'est le cas lorsqu'existent des juridictions d'exception pour connaître des litiges avec l'État, ses administrations, ses services publics et, plus généreusement encore, les activités spécifiques que l'État entend soustraire au droit commun – il y en a quelque quatre-vingts actuellement.

Il est inéluctable que les abus de pouvoir conduisent à la corruption. « *Le pouvoir corrompt, le pouvoir absolu corrompt absolument* » (Lord Acton). Assurés de l'impunité en raison de hautes fonctions, les hommes de l'État s'affranchissent du droit commun. Plus le poids de l'État augmente, plus nombreuses sont les occasions de tirer un parti financier des prérogatives que l'on exerce : marchés publics, exemptions fiscales, subventions, etc. Il est toujours facile d'invoquer l'intérêt général pour rentabiliser des intérêts très particuliers.

— Le libre marché

La dimension économique du libéralisme est sans doute la plus connue, jusqu'à l'assimiler (à tort) à un économisme. L'économie de marché est source d'harmonie et de progrès. Son principe est celui de l'échange, né de la recherche des besoins des autres afin de satisfaire les siens propres. Il n'y a rien de plus extraverti que le marché, procédé et parfois lieu de rencontre de personnes aux intérêts différents et divergents : producteurs et consommateurs, offreurs et demandeurs. Mais le marché va permettre un accord grâce à la subjectivité des choix : si tout le monde attribuait la même valeur à tout bien ou service, il n'y aurait jamais échange. L'échange est fondé sur le fait que le même produit n'a pas la même valeur au même moment pour les personnes concernées, et pour des raisons diverses et contingentes (et pas seulement à cause d'une « utilité » objective trop présente dans la théorie économique traditionnelle de l'*homo economicus*).

Encore faut-il que le marché soit libre, fidèle reflet de la volonté de ceux qui scellent leur accord. Or, de nombreuses interventions de l'État peuvent fausser le calcul et le choix des échangistes. Les plus nocives à cet égard sont les manipulations monétaires, les faux prix et les faux profits.

La monnaie est instrument de mesure de tous biens et services « marchands » : c'est celui qui permet de connaître les prix relatifs (*tertium comparatis*). Elle permet, entre autres, d'aller plus loin que le troc et d'arbitrer entre l'estimation présente et future des besoins de chacun. Donc la monnaie doit elle-même avoir une valeur stable dans le temps. Hélas, depuis des siècles, les États ont mis la création de monnaie dans leurs prérogatives au prétexte de garantir la stabilité de sa valeur. L'émission de monnaie est devenue un droit régalien et finalement un monopole durable. Ce monopole a pris la forme de la création de banques centrales, interdisant toute concurrence entre monnaie publique (*fiat money*) et monnaies privées. Dès lors, l'émission de monnaie est devenue une façon de financer l'État et les dépenses publiques. Avec les keynésiens, il a même été professé que l'émission de monnaie sans valeur ou sans contrepartie réelle était suffisante pour relancer l'économie et rétablir le plein emploi. En réalité, l'inflation n'a jamais réussi à réduire le chômage (*inversion de la courbe de Phillips*). La raison en a été bien simple : la fausse monnaie a progressivement financé de faux projets, sans aucune rentabilité mesurable : c'est le « malinvestissement[30] », l'inflation rend toute vie économique (voire sociale) déréglée et l'argent distribué n'a aucune contrepartie réelle, il s'agit de « faux droits ».

Si l'État intervient sur le marché à travers la monnaie et crée ainsi inflation et chômage, il peut aussi manipuler les signaux que le marché émet normalement : les prix et les profits relatifs. Les prix sont des signaux de pénurie d'un produit (hausse des prix) ou d'excédent (baisse des prix). Les profits sont des signaux d'efficacité des producteurs, de leur art d'entreprendre. Ils permettent de donner priorité aux producteurs qui innovent et gèrent de façon satisfaisante, c'est-à-dire au plus près des besoins exprimés par la communauté à travers ses achats.

Ces signaux sont faussés par l'État grâce à diverses techniques. La première est le contrôle des prix, en général pour les empêcher de « s'envoler ». Ainsi le marché de l'immobilier est-il perturbé par le blocage des loyers payés aux bailleurs privés tandis que

---

[30] Expression due à Hayek.

les logements dits « sociaux » sont loués à vil prix. Le résultat en est la crise permanente du logement en France depuis plus d'un siècle. Prétendant aider les ménages les plus déshérités, l'État contrôle aussi les prix des produits « essentiels » et les marges des grands distributeurs. La conséquence en est de favoriser ainsi les producteurs étrangers qui peuvent offrir à des prix plus compétitifs pour diverses raisons. Mais il est vrai que l'État peut alors chercher à rétablir l'équilibre en subventionnant les producteurs nationaux. C'est le protectionnisme qui s'installe ainsi, il se mute très vite en xénophobie. Lorsque les grandes nations ont entendu lutter contre les méfaits de la crise de 1929, elles ont commis l'erreur de vouloir s'isoler de sorte que le commerce mondial en 1938 était tombé à moins de 10 % de ce qu'il était dix ans plus tôt, et les échanges se sont faits par accords de troc passés entre gouvernements. La guerre économique n'a pas manqué de dégénérer en guerre militaire, parce que le nationalisme a été porté à son apogée. Nazi signifie bien « National » socialiste, et l'URSS de Lénine et Staline n'a rien à envier à l'Allemagne d'Hitler.

L'État ne se contente pas de fausser prix, profits et commerce international. Il intervient contre le marché à travers la règlementation et la fiscalité. La règlementation la plus lourde concerne en France les conditions de travail et le niveau de salaires. Le contrat de travail ne peut être que collectif, négocié par les « partenaires sociaux » et non par accord personnel entre employeur et salarié. Le salaire minimum (qui n'existe pas dans plusieurs pays de l'OCDE et que les Suisses ont refusé par referendum) est tellement proche du salaire médian que, d'une part, les employeurs préfèrent embaucher un personnel plus qualifié dont la rémunération est comparativement plus faible, et d'autre part, les salariés ne voient pas l'intérêt d'investir dans leur carrière et ne cherchent pas une meilleure qualification qui changerait trop leurs habitudes pour un supplément de salaire peu attractif. Ainsi le SMIC est-il pénalité pour les moins qualifiés et les expose-t-il davantage au chômage[31].

En parallèle, le coût du capital financier est lui aussi fixé de façon arbitraire à travers les taux d'intérêt et les conditions de crédit. Les taux d'intérêt très faibles, voire négatifs mis à la mode avec la politique d'aisance monétaire (*quantitative easing*) n'ont plus aucun rapport avec la réalité financière et stimulent des emprunts injustifiés tout en pénalisant l'épargne. Mais les États en sont friands parce que ces taux allègent la charge de leurs dettes.

Conclusion : Mondialisation et capitalisme de connivence

La longue énumération, pourtant non exhaustive, des méfaits de l'État dans ses interventions sur les

---

[31] Gary Becker, *Human Capital: A Theoretical and Empirical Analysis*, Uny of Chicago Press 1964; Gary Becker, « Augmenter le salaire minimum, c'est augmenter le chômage » (*Business week*, 1995).

marchés justifie l'opinion que nous ne vivons plus dans un système d'économie de marché.

Or, la classe politique, de droite comme de gauche, affirme que la crise économique actuelle est due au système économique dominant, tellement nocif pour les peuples, tellement aveuglé par la rentabilité qu'il pollue au point de menacer la planète et les générations futures à travers le réchauffement climatique.

Il y a donc opposition totale entre ce qui se dit couramment sur le capitalisme et la mondialisation, et ce qui est la situation réelle[32].

La mondialisation est apparue à la suite de l'éclatement de l'empire communiste bâti par l'URSS. À l'époque (1991), un vent de liberté a soufflé sur le monde. Les pays d'Europe centrale et de l'Est ont retrouvé indépendance et liberté, les politiques économiques ont radicalement changé, les idées de Keynes et la planification s'étaient déjà discréditées depuis près de 20 ans, tous les pays vont désormais surfer sur la vague libérale agitée par Thatcher et Reagan, la peur de la guerre nucléaire s'était évanouie. C'en était au point que l'économiste américain Francis Fukuyama prédisait « la fin de l'histoire[33] » : nul doute désormais que le système d'économie de marché allait se généraliser, et que libre-échange et libre entreprise allaient régner sur le monde entier.

---

[32] Pascal Salin, *Le vrai libéralisme : Droite et gauche unies dans l'erreur*, éd. Odile Jacob, 2019.

[33] Francis Fukuyama, *The End of History and the Last Man*, 1992, trad. française *La Fin de l'histoire et le Dernier Homme*, éd. Flammarion, 1992.

Cette prévision ne s'est pas réalisée, pour deux raisons.

La première est que le communisme n'était pas totalement détruit, la Chine, Cuba et plusieurs pays d'Amérique Latine, la Corée du Nord demeuraient des dictatures fermées au commerce mondial, tandis que l'idéologie marxiste renaissait après la conférence de Rio (1991) et le concept de « développement durable » : le capitalisme des pays riches avides de profit immédiat allait épuiser les ressources naturelles des pays pauvres et ferait courir des risques sur la planète entière. Ainsi l'impérialisme capitaliste et américain menaçait-il désormais le monde entier.

La deuxième raison est que le commerce (presque) mondial allait mettre les États eux-mêmes en concurrence. En effet, l'économie cessait d'être « géonomique » (François Perroux), d'être liée au territoire, pour se délocaliser en fonction des coûts de production et de l'ouverture de nouveaux débouchés. Les progrès des moyens de transport et les nouvelles techniques de télécommunication ont réduit les distances et rapproché producteurs et consommateurs du monde entier. Alors sont apparues les différences institutionnelles entre pays, et le rôle plus ou moins positif que les divers États pouvaient jouer. La concurrence a été dès lors faussée ; en schématisant, on peut repérer trois situations :

– celle des États assez libres pour s'adapter et réagir aux défis concurrentiels (par exemple l'Allemagne, la Suisse, l'Australie, la Nouvelle-Zélande, la Corée,

Hong Kong et Singapour qui ont pu exporter et équilibrer leurs balances commerciales) ;

– celle des États assez dictatoriaux non seulement pour imposer de lourds sacrifices à leur population condamnée à agir et travailler sous coercition, mais aussi pour se dispenser de toute règlementation internationale, y compris en pillant la propriété intellectuelle d'innovations techniques nées ailleurs (la Chine et la Russie sont reconnues pour vedettes dans cet exercice) ;

– celle des États qui ont cru survivre en revenant à un protectionnisme classique : taxer et limiter les importations, subventionner les exportations. Les États-Unis de Donald Trump ont donné le mauvais exemple, mais de nombreux autres pays comme le nôtre les ont accompagnés. La différence avec les États-Unis est que les Américains peuvent vivre en autarcie depuis qu'ils ne dépendent plus des importations d'énergie, donc leur croissance n'est pas menacée[34]. En revanche, le protectionnisme crée une crise dans des pays comme le nôtre parce que les importations reviennent très chères et les finances publiques sont épuisées par le soutien permanent aux producteurs nationaux.

La superposition de ces trois situations engendre un véritable désordre dans les échanges internationaux. Ce désordre n'a plus grand-chose à voir avec le libre-

---

[34] Cependant, les États-Unis dépendent toujours de plusieurs ressources de base, comme les métaux rares.

échange, et il est donc tout à fait déraisonnable d'incriminer les libéraux et le libéralisme de tous les maux apportés par la mondialisation. Les principes marchands et libéraux auraient dû conduire les États à s'aligner sur les plus discrets, les moins coûteux. Tout au contraire, la plupart des États ont refusé de se retirer du jeu, de libérer les énergies personnelles. Trop souvent, les incitations nées de la concurrence et de l'ouverture des frontières ont été oubliées ou neutralisées. Puisque les États sont restés dans le jeu, les relations tendues entre gouvernements ressemblent à une guerre économique. Cela n'a plus rien à voir avec le « doux commerce » facteur de paix et d'harmonie mondiales (Montesquieu). Le libre marché international n'existe pas aujourd'hui, le système capitaliste n'est pas celui qui régit la mondialisation. Il est habituel de dénommer ce pseudo système « capitalisme de connivence » : mélange contre nature, contre morale, entre la classe politique et le monde des affaires.

Ainsi le libre marché n'est-il pas en place, l'état de droit n'est-il pas respecté, la subsidiarité est-elle ignorée, et le pouvoir s'exerce-t-il sans limites. Les principes fondamentaux d'une société de libertés ne sont pas reconnus ni même connus.

On peut se demander alors pourquoi le vaccin libéral n'est pas administré, puisqu'il ne représente aucun danger. Le danger, c'est de ne pas être vacciné et de contracter toutes les maladies politiques, juridiques et économiques du monde contemporain. Il est impensable de rejeter la liberté et le vaccin libéral, qui n'apportent que bienfaits aux êtres humains, précisément parce que le libéralisme est un humanisme, il rend à l'être humain toute sa dignité, car ses talents de créateur s'accompagnent de talents de serviteur, parce qu'il sait donner un sens à la liberté qui lui est donnée.

Il est temps de vacciner.

Chapitre 5
Les réformes libérales en perspective

> À quelques semaines des élections présidentielles, on perçoit un réveil de la société civile. Il permettra de faire valoir des réformes libérales. Il ne s'agit pas de catalogues de mesures pour séduire les multiples clientèles électorales, mais de réformes de fond. Elles ont toutes le même objectif : réformer pour libérer. Elles se réfèrent à quelques principes simples : un État minimum, donc une fiscalité allégée et une couverture sociale plus efficace, la liberté et la concurrence sur le marché du travail et dans l'enseignement, la défense de la propriété immobilière, la refonte de la justice et de la police, la maîtrise de l'immigration et du terrorisme, donc une diplomatie claire et nette et une Europe guérie de son dirigisme nocif, l'élimination de l'écologie politique, et enfin, et non des moindres, le respect de la vie privée menacée par les réformes « sociétales ».

On peut accélérer la vaccination. Ce n'est pas parce que les antivax sont au pouvoir et parce que notre population est désinformée et démotivée au point de choisir massivement l'abstention qu'il faut remettre à un futur lointain les réformes libérales dont les effets peuvent être immédiats. La perspective est aujourd'hui celle des élections de 2022, présidentielles et législatives.

Réveil de la société civile

À plusieurs reprises, les électeurs ont donné à la classe politique l'occasion d'en finir avec la tyrannie du statu quo : en 1986, en 1993, en 1995 et même en 2017 avec la campagne de François Fillon. Il est certain qu'en 2017, des millions d'électeurs ont pu croire que quelque chose allait enfin changer avec un candidat aussi jeune et si brillant qu'Emmanuel Macron. Mais chaque fois, la classe politique a fait retour à son étatisme viscéral.

Comment le peuple des citoyens peut-il guider l'élite des politiciens s'il n'a aucune possibilité de s'exprimer autrement qu'en manifestant dans la rue ? L'information et l'organisation de la société civile sont indispensables dans une vraie démocratie, elles exercent une pression constante sur le pouvoir et sapent l'omnipotence et l'incurie de l'État.

L'échec des gilets jaunes est révélateur : les partis politiques et les extrémistes de tous bords ont progressivement contrôlé le mouvement jusqu'à ce qu'il perde toute signification et toute popularité. Par contraste, et quoi qu'on puisse penser de la politique de Donald Trump, il a dû son succès à la dynamique des « tea parties », mais hélas, il s'est écarté des idées et des espoirs qui avaient inspiré la société civile américaine.

Le réveil et le poids de la société civile ne sont pas utopiques aujourd'hui, en France, parce que la crise sanitaire, économique et politique a atteint une gravité sans précédent, mais aussi parce que la découverte des réformes libérales pourrait redonner espoir et mobilisation à des milliers de Français décidés à s'engager.

La liberté exige un engagement. Changer, c'est se libérer. Les Polonais, les Hongrois et les Tchèques l'ont fait ; à la longue, le pouvoir communiste a renoncé à « normaliser ». La France a eu la chance d'avoir un président « normal » avec Hollande : certitude que rien ne devait changer. Et le « président des réformes » actuel n'a réalisé et réussi aucune des réformes structurelles qu'il avait annoncées et confirmées (comme la réforme des retraites, ou du marché du travail, ou de la santé[35]). À vrai dire, il faut lui reconnaître qu'il a réformé les législations sur la filiation, sur le droit des femmes, sur l'euthanasie, sur la « transition énergétique » : de quoi détruire la famille et la vie privée, de quoi surprendre une grande partie des électeurs qui lui ont fait confiance en 2017. Mais le même président a pris pour alibi la pandémie et promet que toutes les réformes seront réalisées dans « sa France de 2025 ».

Il n'est donc pas utile d'en dire plus sur les promesses, les déceptions, et le statu quo. On perd son temps à scruter les programmes attendus des divers candidats actuels – et à ce jour, des candidats

---

[35] Mais en quelques mois, il va réaliser toutes les réformes en panne. S'il n'a pas le temps, il faut donc lui confier un deuxième mandat : « Ma France de 2025 », a-t-il écrit dans *L'Opinion*, et il y a une vidéo sur la France de 2025 publiée le 8 mars 2021. Et il faudra sans doute un quinquennat pour réaliser « Marseille en grand »…

potentiels. L'important est de savoir ce que la société civile voudra faire entendre à la classe politique dans les mois à venir, avant et après des échéances électorales majeures et loin d'être acquises à quiconque. Si la société civile le veut, elle peut faire valoir les réformes libérales.

Des réformes de fond, pas des catalogues électoraux

Les réformes libérales ont pour première vertu d'être de nature et d'effet durables. Une piqûre pour vacciner n'est pas une piqûre pour se doper. Le dopage fait illusion et apporte le succès à court terme, la vaccination est faite pour immuniser pour le restant de la vie. Il s'agit d'immuniser contre l'étatisme, et les virus du despotisme et du populisme qui l'accompagnent.

Les réformes libérales ont pour deuxième vertu (qui va naturellement de pair avec la précédente) de poser des principes généraux clairs et précis, sans avoir à énumérer des centaines de mesures. La mode est depuis des années aux catalogues électoraux. Certains candidats, certains partis ou certaines instances ont déjà publié des listes comprenant des centaines de mesures, plus détaillées que possible. Cette mode présente aux yeux de ses partisans deux avantages. D'une part, elle permet de balayer tout l'électorat possible, il faut quelque chose pour les paysans, pour les mères célibataires, pour les parents d'élèves, pour les pensionnés, pour les locataires des HLM,

pour les sportifs, etc. Chacun doit pouvoir y trouver son compte, mais personne ne fait le compte de toutes ces promesses, les millions d'euros peuvent s'empiler et s'envoler. D'autre part, la mode des catalogues laisse croire que les réformateurs sont réellement compétents, connaissent tous les dossiers en profondeur. Voilà des gens sérieux. Ainsi va naître une sorte de bureaucratie électorale, doublure sympathique et annonciatrice de la bureaucratie étatique. Ce que proposent les libéraux est une courte liste de réformes de fond. Elle est présentée dans un manifeste intitulé « Réformer pour libérer », conçu et signé par plusieurs personnalités libérales l'an dernier. Ce programme n'a rien d'original, parce qu'il a été appliqué dans ses grandes lignes dans des pays qui ont intelligemment vu dans la crise de 2008 déjà, mais aussi dans la crise pandémique de 2019, l'occasion de se libérer des charges et abus étatiques. Mais ce programme ne manquera pas de paraître révolutionnaire dans un pays comme la France, parce que la rupture serait totale avec la tradition historique du tout-État.
On ne sera pas surpris de ne voir que peu de statistiques dans ce programme, car les manipulations et interprétations des chiffres, exercice favori des macro-économistes et des macron-communicants, permettent de prouver toutes choses et de soutenir toutes idées.

Réformer pour libérer

Voici le texte du manifeste libéral qui donnait le programme des réformes à réaliser. Il avait été rédigé en janvier 2020. Il proposait 11 principes de réforme. Il a été récemment complété pour ajouter deux principes, qui étaient seulement évoqués dans le texte original, mais qui méritent une présentation spéciale : l'un concerne l'écologie, l'autre l'immigration. En effet, la campagne électorale les mettra au cœur des discours de nombreux candidats (évidemment, Emmanuel Macron a déjà montré la voie).

Des membres expérimentés de la société civile, sans esprit partisan, soumettent à votre réflexion un vrai projet de réforme, cohérent, concret dont nous développons ci-après quelques thèmes importants, mais qu'il faudra inscrire dans une refondation plus large intégrant l'ensemble des thèmes suivants :

– Une diminution des dépenses de l'État, non par des économies ponctuelles, mais par réduction d'un secteur public pléthorique et souvent inefficace ;

– Une fiscalité réduite sur les entreprises comme sur les foyers, proportionnelle et non redistributive, puisque le rôle de l'impôt est de couvrir les charges d'un État subsidiaire et non pas de généraliser l'assistance et les privilèges, ni d'étouffer l'esprit d'entreprise et d'épargne, ni de niveler les patrimoines ;

– Une baisse des cotisations sociales par transition progressive d'un système de monopole public vers une logique assurantielle, notamment dans le domaine de la santé et des retraites ;

– Un libre accord entre personnel et dirigeants de chaque entreprise pour fixer les clauses du contrat de travail, y compris la durée hebdomadaire ;

– Une liberté scolaire garantie par la création d'établissements privés au choix des familles, financés par des bons scolaires ;

– Un respect de la propriété immobilière privée par révision des rapports locatifs aujourd'hui déséquilibrés et la diminution progressive des logements dits sociaux ;

– Un recrutement diversifié, accompagné d'une formation adéquate, pour avoir des magistrats aptes à prononcer et à faire appliquer les peines sans hésitation ; le développement et la croissance de l'équipement carcéral ;

– Une police recentrée sur ses missions de protection des personnes et des biens, libérée de corvées administratives qui peuvent être assumées en partenariat avec des entreprises privées ;

– Une diplomatie axée sur la lutte contre le totalitarisme conquérant, menée avec les pays faisant ce choix ;

– Une Europe qui élimine ses tares dirigistes, sa règlementation étouffante, sa volonté d'harmonisation imposée, ses interventions monétaires et bancaires ;

– Un État qui s'interdit toute incursion dans la vie privée, et une laïcité comprise comme la reconnaissance de la liberté religieuse.

Depuis fort longtemps, ces propositions sont absentes des projets présentés par la classe politique. Pourtant, après des années de stagnation, de violences, d'incertitude et d'insécurité, elles rencontrent aujourd'hui l'adhésion d'une grande partie de la société civile. Car la défense de la liberté individuelle et de la propriété, la renaissance de la responsabilité personnelle, le respect des droits d'autrui sont les seules valeurs qui fondent une nation apaisée, prospère et solidaire. Beaucoup de Français attendent un vrai programme de refondation.

1. L'État minimum

La réforme libérale ne peut se ramener à des calculs d'épicier pour savoir comment réduire les dépenses et accroître les recettes. Car il faut avant tout aller à la source : pourquoi tant de dépenses et où trouver les ressources suffisantes ?

Les finances publiques traduisent fidèlement l'omniprésence et l'omnipotence de l'État français. Il faut revenir à un État minimum, à ce domaine régalien qui globalement se ramène à assurer la police, la justice et la défense. Encore peut-on préciser que ces missions peuvent être très souvent assurées avec la participation d'acteurs privés et le recours à des procédures marchandes. Certaines de ces missions peuvent et doivent aussi s'organiser à un niveau différent de celui de l'État national.

La France a la particularité d'avoir donné une extension sans limites au concept de service public. La frontière entre public et privé a été sans cesse franchie, et toujours dans le même sens : confier à l'État et à ses administrations ce qui pourrait et devrait être géré par la société civile et le plus souvent par des échanges marchands. C'est le cas par exemple de l'éducation, de la santé, des transports, des télécommunications, de l'énergie, de la finance, et de multiples activités commerciales et industrielles. Toutes ces activités sont en grande partie nationalisées, il est urgent de les privatiser. La dénationalisation produit des effets immédiats et positifs : le personnel n'est plus fonctionnaire à vie et assigné à des tâches répétitives et sans intérêt personnel, il est désormais en état de faire preuve de création et de jouir de ses initiatives. En réintroduisant la gestion responsable et gratifiante, on en finit avec les gaspillages, les conflits sociaux et les déficits.

2. Les impôts proportionnels et globalement réduits

La fiscalité française a deux caractéristiques majeures ; elle est l'une des plus progressives au monde, et elle frappe le capital et le patrimoine aussi bien que les revenus. À ce double titre, elle diminue les incitations productives et elle est une spoliation arbitraire. L'impôt sur le revenu représente pour des milliers de contribuables un prélèvement de 50 % ou davantage. 10 % des contribuables paient 70 % de l'impôt sur le revenu, plus de la moitié n'en paient pas. Dans ces conditions, pourquoi travailler pour le fisc ? Toutes les réformes fiscales qui ont diminué la progressivité de l'impôt sur le revenu ont été de francs succès pour la croissance nationale, le contribuable ne se demande pas quelle masse d'impôts il paiera, mais ce qu'il lui restera de ce qu'il aura gagné après la ponction fiscale.

Quant à l'impôt sur le capital, il est doublement injuste : d'une part, le capital accumulé provient de revenus qui ont déjà été taxés ; d'autre part, il pénalise ceux qui ont constitué une épargne et l'ont investie au lieu de dépenser leur argent. Le patrimoine est une garantie pour les futurs retraités, il est un procédé de solidarité intergénérationnelle et familiale. L'impôt sur les successions est une pure spoliation, il n'existe pas dans la plupart des pays libres.

Cette spoliation, comme les autres, est toujours légitimée par l'égalitarisme : donner aux pauvres en prenant aux riches, au nom de la solidarité. Mais la solidarité publique et imposée est une aberration. D'une part, elle détruit la solidarité privée et volontaire, car progressivement les individus n'ont plus ni les moyens ni l'esprit de secourir leurs prochains ; d'autre part, la confiscation des hauts revenus et capitaux prive l'économie nationale des moyens de financer la production et les emplois – et incitent à l'émigration non seulement du capital financier mais aussi du capital humain, la jeune élite fuit massivement à l'étranger.

La redistribution ne peut justifier l'impôt. La seule légitimité de l'impôt est le paiement des services rendus par l'État[36]. Avec un État minimum, les dépenses publiques, donc les impôts, sont au minimum. Il faut donc faire disparaître toute trace de redistribution dans le système fiscal, et la meilleure technique est

---

[36] Pascal Salin, *La Tyrannie Fiscale*, éd. Odile Jacob, 2014, et Philippe Nemo, *Philosophie de l'impôt*, éd. PUF, 2017.

celle de l'impôt strictement proportionnel et à un taux identique pour tous les revenus, de façon à éliminer toutes les niches fiscales dont l'existence tient aux arbitrages et privilèges créés par la classe politique. L'impôt proportionnel à taux unique (appelé souvent *flat tax*) est adopté par de nombreux pays, il simplifie spectaculairement la gestion de l'impôt, et pour l'administration et pour le contribuable.

Les libéraux peuvent aller plus loin dans la réforme fiscale en rappelant qu'un État réellement limité à la production de biens réellement publics, donc concernant indistinctement toute personne de la communauté, ne devrait percevoir que des impôts de capitation (un impôt par tête) : tout citoyen contribuable paie la même somme[37].

3. Une couverture sociale plus efficace

Les impôts ne sont pas les plus lourdes charges qui pèsent sur les Français. Les cotisations sociales ont atteint des sommets, le déficit de la Sécurité sociale ne cesse d'augmenter, de sorte qu'à très court terme, les prélèvements seront augmentés et les prestations diminuées. Le « meilleur système social au monde[38] » est en train d'exploser.

---

[37] C'est en voulant instituer l'impôt de capitation à la ville de Manchester (où la municipalité offrait tout gratuitement, y compris la nourriture, grâce à une super fiscalité sur les riches) que Margaret Thatcher a été finalement démise.
[38] Alain Mathieu, *Le modèle antisocial français*, éd. Cri, Contribuables Associés.

L'échec complet tient à deux causes : d'une part, le monopole public, source évidente de bureaucratie centralisée et d'irresponsabilité ; d'autre part, le choix d'un système par répartition impossible à équilibrer sur la longue période. C'est précisément le refus d'une réforme « systémique » qui est dramatique : les réformes précédentes se sont cantonnées dans des réformes « paramétriques » : on bricole le système de répartition en jouant sur l'âge de la retraite, les années de cotisation, le montant des cotisations et celui des pensions.

Qu'il s'agisse de la santé, de la retraite, du chômage, la répartition implique que les cotisations des uns (en général actifs employés et en bonne santé) paient pour les autres : retraités, chômeurs ou malades. Voilà a priori un système sympathique. Mais il suppose aussi que la population des cotisants soit suffisante pour couvrir les besoins de la population prise en charge. Par exemple, pour les retraites, il y avait en 1980 plus de 4 cotisants pour 1 pensionné, il n'y a plus aujourd'hui que 1,2 cotisant pour 1 pensionné. Ce dramatique déséquilibre lié au vieillissement global de la population française n'est pas perçu par la plupart des Français, qui dorment encore sur leurs deux oreilles. Tout d'abord, ils croient que les sommes qu'ils versent aujourd'hui au titre de la retraite sont accumulées dans un compte qu'ils retrouveront quand ils partiront. Rien de plus faux : l'argent n'est pas sitôt entré dans la caisse de l'URSSAF qu'il est immédiatement versé à des retraités du moment.

L'URSSAF n'est pas un établissement financier, c'est un simple tiroir-caisse. Autre erreur aussi grave : croire que ce sont les entreprises qui paient une partie des cotisations, puisqu'on parle de « cotisations patronales ». En réalité, le patron ne paie rien de sa poche, ce qu'il verse est retenu sur ce qu'aurait dû toucher le salarié et qui représente la valeur réelle du travail payée par les clients. C'est ce qu'on appelle le « salaire complet[39] », mais qui n'est jamais réglé à celui qui l'a gagné, alors même que la valeur du travail fourni a été intégrée dans le prix du produit et réglée par la clientèle. Les cotisations dites « patronales » sont en fait des retenues sur salaire. Si la liberté était respectée, il appartiendrait au seul salarié de payer et gérer la couverture sociale de son choix, auprès d'assureurs privés mis en concurrence. Les sommes exigées par les assureurs dans les pays étrangers (États-Unis et Suisse exclus) sont bien inférieures (environ d'un tiers) à ce que réclame aujourd'hui la Sécurité sociale. La raison en est bien simple : à la différence de l'URSSAF, les assureurs placent l'argent des salariés, et c'est la rentabilité de ces placements qui va permettre à l'assureur de faire son profit et à l'assuré de récolter le fruit des intérêts composés pendant une période naturellement longue[40].

---

[39] Expression lancée par Axel Arnoux (vice-président de l'ALEPS à l'époque) dans l'entreprise Chauvin Arnoux, 95 % des salariés ont demandé à recevoir le salaire complet, mais naturellement, le droit social français l'interdit.
[40] Jacques Garello, *Comment sauver vos retraites*, Libréchange éd., 2014.

Une autre retombée est curieusement oubliée par la plupart des analystes : les placements ne sont pas « spéculatifs » et ne sauraient l'être : assureurs et fonds de pension financent des investissements qui vont soutenir et accélérer la croissance économique, de sorte que le niveau moyen des revenus et notamment des salaires augmentera sans cesse. Mais pour son malheur, ce système préconisé unanimement par les libéraux est appelé capitalisation, puisque les cotisations sont capitalisées au lieu d'être gaspillées. Mais capitalisation évoque le capitalisme, la rentabilité, toutes choses réputées antisociales par l'idéologie dominante et la pensée unique.

Il va de soi que nul ne peut être privé de couverture sociale. Les personnes les plus déshéritées doivent avoir un minimum vieillesse, un accès aux soins, un secours en cas de chômage, un soutien en cas de handicap. Un filet social a donc été prévu dans tous les pays qui ont adopté la capitalisation. Mais il procède de la solidarité nationale, et non plus d'une logique d'assurance, de sorte qu'il est financé par le budget de l'État, c'est une des rares dépenses publiques de redistribution que l'on peut légitimer. De la sorte, la couverture sociale des pays qui l'ont réformée en passant à la capitalisation comprend en général trois piliers : le premier est celui du filet social, il est marginal. Le deuxième est l'assurance obligatoire, le troisième l'assurance librement contractée. Pour certains pays, la réforme a été lancée depuis un demi-siècle et son efficacité a fait ses preuves en dépit des crises conjoncturelles traversées, notamment en ce début de 21ᵉ siècle.

4. Du droit social au libre contrat de travail

En France, le « marché du travail » échappe totalement à la logique de l'économie de marché. Le travail est considéré comme une activité particulière parce qu'il a une dimension humaine et il ne peut être soumis au droit commun des contrats et des obligations. Le droit social prévoit des règles impératives sur les relations entre employeurs et salariés. La première originalité est la place donnée aux syndicats dans la négociation des conditions de travail. Ces négociations sont collectives, elles concernent une branche entière d'activité, et le plus souvent au niveau national. Les accords ainsi conçus s'imposent à la plupart des entreprises (dont la taille minimale peut varier). Une deuxième originalité est le poids des textes législatifs qui imposent des clauses très importantes : durée hebdomadaire du travail, salaire minimum, conditions d'embauche et de licenciement. Une troisième originalité est l'existence d'une juridiction d'exception pour connaître des litiges en première instance : les conseils de prud'hommes. Au total, le Code du travail se compose d'une multitude de textes, révisés sans cesse : voilà du droit qui n'est ni clair ni certain.

Mais les entreprises françaises, tout comme les salariés français, font les frais de ce soi-disant droit social. Les règles du licenciement sont si rigides et si nombreuses que les entreprises hésitent à embaucher. Cela condamne au chômage les jeunes à la recherche d'un premier emploi, prêts à tenter l'aventure du travail en entreprise pour acquérir une précieuse expérience. Le jeu des syndicats n'est pas souvent coopératif. Il y a ceux que l'on dénomme à juste titre « révolutionnaires » dont l'objectif est de supprimer la liberté d'entreprendre. Pour autant, les syndicats « réformistes » ne se privent pas de faire pression sur le pouvoir. Dans tout ce monde syndical, il n'y a que peu de considération pour la compétitivité et la rentabilité des entreprises. Finalement, la France est le pays où le nombre de jours de grèves est le plus élevé, où le nombre d'heures de travail effectuées est le plus bas. Quant aux méfaits du SMIC, connus dans tous les pays qui l'on adopté, ils sont plus accentués en France qu'ailleurs parce que son niveau est très proche du salaire médian[41].

Il est donc nécessaire de dépolitiser et de désyndicaliser les relations entre employeurs et salariés, et d'en revenir à des relations contractuelles et personnelles. Certes, les syndicats y sont très opposés, et les efforts permanents des entreprises pour individualiser les rémunérations ont été très combattus par la jurisprudence sociale et par les décrets de l'État. Il n'en demeure pas moins que la technicité croissante des tâches imposera la spécialisation des opérateurs. Cela se retrouvera dans les contrats de travail. Au demeurant, toutes les clauses du contrat peuvent être spécifiques à l'entreprise compte tenu de ses

---

[41] Cf. Supra p. 22.

débouchés et de ses financements. Ceux qui vivent de l'entreprise et dans l'entreprise sont mieux placés que quiconque pour trouver des accords réalistes et tenus pour justes par les contractants.

Quant au syndicalisme, il est devenu un véritable défi à la démocratie et à la liberté[42]. Les dirigeants et représentants syndicaux ont des privilèges contraires à l'état de droit, et ces personnes n'ont aucune légitimité véritable compte tenu de la très faible participation des salariés aux « élections sociales ». Le rapport Perruchot qui dénonçait les curieuses sources de financement des syndicats français a été définitivement enterré en novembre 2011 : l'Assemblée nationale n'a pas voulu en connaître.

Dans la plupart des pays libres, les syndicats se sont donné d'autres missions que changer le système économique ou contester le pouvoir patronal et les actionnaires. Ils rendent des services privés à leurs adhérents (éducation des enfants, lieux de vacances, associations culturelles, etc.) et ils sont réellement riches et respectés par la population.

5. Un enseignement libre et concurrentiel

Aujourd'hui, on compare couramment écoles privées et écoles publiques. Beaucoup de familles, quelles que soient leur position sociale et leurs opinions politiques, cherchent à inscrire leurs enfants dans des écoles privées, mais les places sont chères. Non

---

[42] Jacques Garello, Bertrand Lemennicier, Henri Lepage, *Cinq questions sur les syndicats*, éd. PUF, coll Libre Échange, 1981.

seulement il y a énormément de demandes, mais surtout les places disponibles sont peu nombreuses, puisque depuis les accords Lang-Cloupet qui datent de 1992, les effectifs du privé ne peuvent excéder 25 % du public (au point que si l'Éducation nationale ferme un établissement de 300 élèves, les établissements privés doivent fermer trois classes de 25 élèves). La « liberté scolaire » est donc tout à fait relative, surtout lorsqu'on tient compte de la « carte scolaire » qui oblige les familles à inscrire leur progéniture dans un établissement de leur quartier ou de leur arrondissement. La liberté est encore réduite par diverses autres dispositions : les établissements privés sous contrat doivent adopter le programme officiel, les examens sont organisés par le service public, et enfin l'État a le « monopole des grades » et délivre les titres de certifié, bachelier, licencié, maître, docteur et professeur. L'organisation napoléonienne des écoles, collèges, lycées et universités donne des résultats de plus en plus catastrophiques. Les classements internationaux (PISA, par exemple) montrent le recul de la France[43], et la plupart des Français déplorent que la majorité des enfants ne sachent ni lire, ni écrire, ni compter couramment à la fin du primaire : raison suffisante pour « primariser le secondaire », et enchaîner du secondaire au supérieur : tous alignés sur le niveau le plus bas.

---

[43] En 27e position en 2019, il aurait progressé de 5 points en 2021 (prévisions).

Voilà pourquoi les familles estiment que le recours au privé est une échappatoire, et ils ont raison parce que les écoles « libres » sont soumises à une concurrence active. C'est bien le monopole qui détruit le service public, ici comme ailleurs. Voilà pourquoi la vraie solution n'est pas de chercher à réformer de l'intérieur une administration au demeurant très syndicalisée et très concentrée, mais d'instaurer une active concurrence de nature à obliger les établissements à se réformer. Mais donner aux familles le libre choix de l'établissement pose un double problème : financier et culturel.

Aujourd'hui, le privé a la réputation d'être cher, donc réservé à des familles aisées. Ce n'est pas tout à fait vrai, parce que beaucoup d'écoles ont précisément été créées pour permettre aux enfants des familles pauvres d'accéder au savoir. L'éducation populaire n'a pas attendu Jules Ferry. Aujourd'hui encore, de nombreux établissements privés modulent les frais de scolarité et de cantine en fonction de la situation de famille. Mais il est vrai que « l'école de la République » a pour avantage apparent la gratuité. Apparence, car dans le public, les professeurs de tous niveaux exigent des achats de toutes sortes, au point que l'État a imaginé une allocation de rentrée scolaire.

Alors, pourquoi pas une allocation d'inscription scolaire ? Le système des bons scolaires fonctionne aux Pays-Bas depuis le début du 20e siècle, et avec plein succès. La gratuité du service public n'existe pas : ce sont les contribuables qui paient. Si ces contribuables sont des parents, pourquoi pas une exemption fiscale ? Si des parents ne paient pas d'impôt, ce qui est vraisemblable pour les ménages les plus modestes, c'est l'État qui doit garantir l'accès à l'école choisie en remettant aux parents des bons scolaires, ou en versant à l'école choisie les sommes nécessaires (les deux modalités ont leurs qualités et leurs défauts[44]).

La culture est souvent teintée de religion. Sous une forme ou une autre, les établissements scolaires ont été créés et dirigés par des autorités, communautés, congrégations religieuses. Comment concilier cette réalité historique avec le principe de laïcité de l'État français ? Les tenants de la laïcité craignent que les enfants ainsi élevés deviennent de mauvais citoyens, faisant passer la loi religieuse avant celle de la République. Le risque existe, il est vrai. Mais d'une part, plusieurs décennies d'écoles chrétiennes et juives attestent que ce risque peut être très limité ; d'autre part, l'école publique peut aujourd'hui dans certains quartiers prêcher le fanatisme, voire le terrorisme[45]. C'est pourquoi la loi dite « de laïcité » (24 août 2021) qui établit un contrôle par l'État de la laïcité des établissements est une nouvelle atteinte à la liberté scolaire et à la liberté religieuse[46].

---

[44] Cf. Liliane Debroas, « Les expériences de libre choix de l'école » dans le *Journal des Libertés*, été 2021.
[45] Jean Pierre Obin, *Comment on a laissé l'islamisme pénétrer l'école*, éd. Hermann, 2020.
[46] Cf infra p. 52.

6. Respect de la propriété immobilière

Les adversaires de la propriété privée sont naturellement portés à attaquer les patrimoines, et notamment les propriétés immobilières détenues. C'en est même au point que l'État a renoncé à l'Impôt sur la Fortune (ISF), qui taxait en particulier les actifs financiers, mais a maintenu l'Impôt sur la Fortune immobilière (IFI). Quel dommage ou quelle injustice les propriétaires immobiliers auraient-ils donc commis ?

La réponse idéologique de certains est simple : le possédant bourgeois exploite le locataire sans défense. Il y a aussi une réponse historique : au lendemain de la Première Guerre mondiale, il y a eu des millions de veuves et l'État a cru bon de les dispenser de payer leur loyer. Le loyer apparaît ainsi comme une rente au profit de personnes qui ont eu la chance d'hériter d'un appartement ou d'une maison[47].

Cette approche est sans fondement, et à plus d'un égard.

1° Un bien immobilier est souvent le fruit d'une vie entière de travail et d'épargne. Il peut assurer des revenus indispensables une fois arrivé l'âge de la retraite : soit pour ne pas avoir à payer un loyer et vivre chez soi, soit en louant son bien. Investir dans la pierre est une sagesse à respecter, d'autant plus que le système français de retraite inspire beaucoup de craintes.

---

[47] Les propriétaires de locaux commerciaux frappés par le confinement et les couvre-feux ont été « invités » à ne pas réclamer leur loyer.

2° L'héritier d'un immeuble, comme de tout autre bien, n'a causé aucun dommage à quiconque. Tout au contraire, le patrimoine est l'objet d'un soin particulier de la part du fisc, et les droits de succession coûtent cher à l'héritier.

3° Il est des personnes et des sociétés qui pensent investir dans l'immobilier locatif. Ils y ont beaucoup de mérite parce qu'ils seront confrontés aux « risques locatifs », c'est-à-dire à la malchance d'avoir des locataires qui ne règlent pas leur dû, qui détériorent les installations, et qu'il est difficile d'expulser. La législation est particulièrement indulgente pour les manquements aux obligations contractuelles. Quant aux plus-values réalisées par les propriétaires immobiliers, puisque dans beaucoup de villes, le prix de l'immobilier et le niveau des loyers ne cessent d'exploser, cela n'est pas le fait des investisseurs, mais d'une crise globale du logement qui a des causes tout à fait extérieures à la spéculation immobilière.

L'égalitarisme et la lutte des classes ont finalement débouché sur le « droit au logement » qui est la négation même de l'état de droit. Les abus ne cessent de se multiplier, depuis la multiplication des squats jusqu'à la réquisition d'hôtels et d'immeubles pour loger des immigrés.

De plus, cette idéologie empêche de voir les vraies causes de la crise du logement en France. Il y a d'abord la rareté foncière, organisée par les Plans locaux d'Urbanisme et le zonage. Le prix des mètres carrés constructibles est ainsi doublé. Il y a ensuite la loi ALUR (Accès au Logement et Urbanisme Rénové, 2014) qui ordonne aux communes de construire 25 % de l'habitat en logements sociaux. Or, les logements sociaux sont largement responsables de la crise, parce qu'ils sont construits à des coûts exorbitants, pour une qualité médiocre, et « l'aide à la pierre » apportée par les fonds publics est un financement condamnable sur le plan de la concurrence. De la même façon que l'État veut conserver le monopole de l'école, il entend aussi avoir le monopole du logement, et « l'aménagement du territoire » hier, et aujourd'hui le développement de « grandes métropoles », débouchent sur les banlieues géantes et les déserts ruraux. Rendre la construction et l'investissement immobiliers aux lois du marché est une réforme d'urgence économique et sociale.

7. Rendre justice et faire justice

Mission généralement tenue pour régalienne, la justice ne satisfait pas la majorité des Français.

Il y a à cela une première raison : son budget est ridicule, de sorte que les tribunaux sont installés dans des locaux désuets, que des auxiliaires comme les greffiers sont en nombre restreint et, quel que soit le litige ou la poursuite, il faut des mois, voire des années pour obtenir un jugement en première instance et à plus forte raison un arrêt en appel.

Mais la raison importante est la qualité de la magistrature. D'un côté, elle est sous la dépendance constitutionnelle de l'exécutif qui la forme, la contrôle et la rémunère. Les magistrats fonctionnaires de l'État : c'est une situation assez rare dans les pays libres. Mais d'un autre côté, la politisation et la syndicalisation sont telles que les sentences rendues sont assez univoques et saisissantes. L'origine en est l'École Nationale de la Magistrature, sise à Bordeaux, qui depuis des décennies formate les jeunes étudiants au marxisme le plus radical : les individus sont coupables de délits et de crimes non pas pour des fautes personnelles, mais parce que la société les a aliénés. La criminalité en col blanc, dont les auteurs sont des gens enrichis par la corruption et la malhonnêteté, est jugée aussi grave (sinon plus) que les crimes de sang. Face à l'insécurité, au fanatisme et au terrorisme, les juges se montrent souvent incapables de punir sévèrement. Quelques acquittements ont récemment fait scandale : être sous l'emprise de la drogue est-il facteur d'impunité ? On a souvent déploré que soient confiées à de jeunes magistrats à peine sortis de l'école des affaires qui demandent une expérience de la vie en famille, en communauté, en entreprise.

La réforme souhaitée par les libéraux est d'avoir des magistrats capables de faire justice, de rendre des sentences exemplaires. Pour cela, il faut supprimer l'ENM et recruter des magistrats parmi des personnes expérimentées, connaissant non seulement le droit, mais aussi et tout simplement la vie. En Angleterre, la magistrature est une profession libérale, exercée par d'anciens avocats ou juristes aguerris, et les justiciables ont le choix de leur juge. La concurrence, là encore, est source de qualité et d'efficacité. Dans de nombreux pays, les magistrats sont élus dans le cadre de scrutins locaux ou régionaux et le désir d'être réélus et d'avoir une longue carrière les amène à rendre des sentences acceptées par la population parce que conformes aux jurisprudences et coutumes du pays. Enfin, il faut tenir compte de ce que, pour de très nombreux litiges (notamment commerciaux et internationaux), la justice arbitrale et privée tranche avec rapidité et à la plus grande satisfaction des parties ; ici encore, la concurrence est bénéfique.

Il est vrai que les magistrats français justifient souvent la clémence qu'on leur reproche en matière pénale par l'impossibilité d'envoyer les condamnés en prison, faute de place. Pour la même raison, les juges d'application des peines abrègent très souvent les détentions, jusqu'à transformer de lourdes condamnations en séjours de deux ou trois ans. Enfin, il n'existe pas, ou pas assez, d'établissements pénitentiaires pour les jeunes délinquants, de sorte qu'on les retrouve très vite dans la rue, et récidivistes.

Mais le système carcéral français ne peut-il être amélioré ? D'une part, il est scandaleux pour un pays qui s'est doté d'une administration planificatrice de n'avoir jamais planifié un nombre de prisons compatible avec la démographie criminelle. D'autre part, pourquoi ne pas faire appel au secteur privé, qui est capable d'investir dans le système carcéral (y compris pour la surveillance) moyennant les redevances de l'État, mais aussi le paiement par les condamnés du coût de leur séjour ? Dans son rapport sur la justice américaine, Tocqueville avait remarqué que les prisonniers étaient libres d'aller travailler pendant la journée, et leur salaire leur permettait de payer leur dû, mais aussi de trouver un emploi et de se réinsérer une fois leur peine purgée, mais les syndicats ont réussi à mettre fin à cette concurrence « déloyale ». Lorsque le gouvernement actuel annonce la construction en Bretagne d'une prison pour… 2025, c'est réellement confirmer le mépris dans lequel on tient la justice dans notre pays, et depuis des décennies.

8. Redéfinir les missions de la police

Évidemment, le sort de la police est lié à celui de la justice. Si les magistrats ne font pas justice, les policiers ont le sentiment que leur mission est impossible. Certes, cela ne les autorise pas à se faire justice, mais on peut comprendre leur désarroi de se voir tantôt soutenus, tantôt agressés.

La police souffre sans conteste de l'insuffisance de ses moyens : l'oubli par l'État de ses missions régaliennes est une constante. Par exemple, les commissariats sont souvent inaccessibles ou encombrés, vétustes et sous-équipés. Mais il n'y a pas que les moyens, il y a aussi l'incohérence des stratégies et des ordres qui sont donnés : tolérance zéro ou repli pacifique ?

Toutefois, le fond du problème est l'organisation de la police : elle néglige la prévention et condamne à la répression. La police française a été changée au fil des gouvernements. Elle n'est pas présente aux sources des infractions : les renseignements généraux ont disparu, donc on ne sait pas ce qu'il se passe ni qui est qui. Il ne s'agit pas d'aller jusqu'à l'inquisition, et la multiplication des caméras et radars n'est pas une solution très efficace, bien que les Français aient l'impression d'être « fliqués ». Il s'agit de se renseigner en rencontrant le plus de monde possible dans divers milieux et de constituer et suivre des dossiers. C'est aussi tout l'intérêt des polices municipales, qui ont été progressivement dépouillées au bénéfice de la police nationale. Comme toujours, la centralisation produit ses méfaits. Le pouvoir des maires, théoriquement en charge de la police dans leur commune, est largement réduit par le pouvoir des préfets, eux-mêmes soumis aux ministères. Enfin, et non des moindres, la police est encombrée de tâches subalternes mais qui consomment du temps et des hommes : contrôler la circulation, enregistrer des déclarations et des plaintes, surveiller les résidences. Ces tâches peuvent très bien être exécutées par le privé ; d'ailleurs, les habitants eux-mêmes font appel à des sociétés de gardiennage pour assurer la sécurité de leurs résidences, et on a vu renaître de véritables milices pour pallier l'absence de police dans certains quartiers.

9. De l'immigration à l'assimilation

La surenchère sécuritaire qui marque la campagne à ce jour allie volontiers immigration et terrorisme.

C'est un raccourci dommageable, parce qu'il ne suffit pas de limiter « l'immigration massive » pour se protéger contre le terrorisme. Cela est assez évident depuis le 11 septembre 2001.

La façon de traiter l'immigration mérite en soi une réforme totale en France, et il y a urgence à définir une vraie politique d'immigration, qui ne se ramène pas à la définition d'un quota. Certes, la proportion d'immigrés par rapport à la population nationale ne peut aller au-delà d'un seuil, le flux actuel en France est important[48]. Toutefois, les comparaisons entre pays européens font apparaître que l'immigration a été bien plus forte (au moins du double) dans certains pays comparables au nôtre : Allemagne, Autriche et Belgique en particulier. D'après ce qui est observé dans la plupart des études et rapports publiés, l'intégration des immigrés ne pose pas les problèmes rencontrés en France.

Pourtant, la France a toujours été un pays d'accueil. Les immigrés italiens, portugais, espagnols, polonais et autres ont trouvé leur place dans la nation française. Que se passe-t-il actuellement qui explique le désordre et le danger d'une immigration incontrôlée ?

L'origine des immigrés est une cause : ce sont des personnes du Maghreb et de l'Afrique subsaharienne qui

---

[48] 7 % de la population totale en 2021 (source Eurostat). Mais au flux actuel doivent s'ajouter les immigrés de la deuxième (et parfois de la troisième) génération.

fournissent les plus gros contingents[49]. Mais il y a aussi le fait que la France ait admis depuis longtemps le « regroupement familial[50] » qui multiplie le nombre, qui véhicule la culture d'origine, et qui produit de très nombreux candidats au chômage et aux allocations. Aux yeux de la loi française, ces immigrants ne demeurent pas longtemps des étrangers, ils obtiennent la nationalité par décret de naturalisation ou par déclaration (mariage, mineurs[51]).

Le résultat de ce laxisme était prévisible : un taux de chômage de ces immigrés proche de 20 %, qu'il s'agisse des hommes ou des femmes (qui représentent un peu plus de la moitié des immigrés). Naturellement, ces personnes bénéficient de la protection sociale garantie à tout Français.

À côté de cette immigration statistiquement mesurée existe une immigration irrégulière. Les « sans-papiers » sont estimés entre 300 000 et 400 000. Certains nourrissent l'espoir qu'ils soient renvoyés dans leur pays d'origine, mais lesdits pays refusent de les recevoir.

---

[49] Mais le comportement des immigrés change d'un pays à l'autre. Par exemple, les Marocains et les Tunisiens reviennent volontiers dans leur pays, alors que ce n'est pas le cas pour les Algériens (on les comprend).

[50] Giscard d'Estaing : le manque de main-d'œuvre en France devait être comblé par l'immigration, encore fallait-il « accompagner » cette immigration en promettant aux futurs travailleurs de venir avec leur famille (Paul Dijoud, 1976).

[51] En 2018, c'est quelque 110 000 nouveaux Français qui ont grossi la population de notre pays.

Il faut aller plus loin dans la recherche des causes et conséquences profondes de ces erreurs. La première cause est l'État Providence. Les immigrés, comme beaucoup d'autres Français, ont vite compris qu'en France, on peut vivre sans travailler. Or, le travail en entreprise, en équipe, est facteur d'intégration.

La deuxième cause est l'incurie culturelle : rien n'a été fait pour que les immigrés s'imprègnent de la culture française. En Allemagne, les immigrés sont initiés à la langue, au mode de vie pendant les premiers mois de leur arrivée. Ils doivent occuper les logements qui leur sont indiqués, ce qui évite les ghettos. En France, on a créé des cours d'arabe, notamment dans les « quartiers chauds » devenus des ghettos et des supermarchés de la drogue.

La troisième cause est l'incurie économique : les entreprises françaises sont les plus exposées à la règlementation, aux charges sociales et fiscales, au syndicalisme débridé, et l'embauche est devenue problématique, pour les immigrés comme pour les autres candidats à l'emploi[52].

La conséquence majeure est le communautarisme. Au sens large, c'est le refus d'une communauté de vivre avec le reste de la nation. Au sens étroit, c'est le rejet de la loi nationale pour imposer sa propre loi. On parle de « zones de non-droit », c'est exact : l'état de droit n'est pas respecté quand des personnes, quelles qu'elles soient, ne sont pas soumises au droit commun.

---

[52] Cf supra pp. 34 et sq.

Cela ne signifie pas que la société française doive être interculturelle, elle doit être interethnique[53], c'est-à-dire permettre à la diversité des origines de se fondre dans le creuset national : un creuset culturel certes, mais aussi juridique et économique. Sans doute le racisme est-il un sentiment délétère, mais c'est précisément avec la conjonction de plusieurs réformes du système éducatif et du système social qu'on peut le contenir. C'est quand on parviendra à l'assimilation, qui a été présente jusqu'en 1958, que l'on pourra apaiser les tensions et les drames actuels.

10. Une diplomatie claire et nette

Le terrorisme a maintenant une dimension planétaire. Le combattre exige aujourd'hui une diplomatie claire et nette. Certes, le terrorisme a toujours existé, de Brutus à Carlos en passant par Ravaillac, mais il se manifestait surtout dans des espaces limités : minorités régionales, idéologiques, ethniques, religieuses. Notre diplomatie est-elle en mesure d'accompagner une lutte ouverte contre l'islamisme conquérant ou l'impérialisme chinois ?

La diplomatie est un art difficile, car sa nature est ambiguë : entretenir des relations cordiales avec des États désireux d'œuvrer pour la paix et le respect des droits et contrats, tout en gardant des relations avec

---

[53] Expression suggérée par David Lisnard et Naïma M'Fadell dans *Le Figaro* (8 juillet 2021) : « Renouons avec le modèle assimilationniste qui a fait la force de la France. »

des régimes peu recommandables. Cette ambiguïté est-elle toujours de mise ?

À vrai dire, la diplomatie française n'a jamais été à la hauteur des défis du 20ᵉ siècle : Munich donnait carte blanche à Hitler, et nous avons été tenus éloignés de Yalta qui donnait carte blanche à Staline. Depuis la fin de la Seconde Guerre mondiale, elle a toujours été tentée par la « troisième voie » entre États-Unis et URSS. Certes, il y a eu l'OTAN et la totale sujétion à la diplomatie américaine. Mais les relations avec les pays communistes ont toujours été maintenues, voire resserrées avec la Vᵉ République. Le général de Gaulle a tenté de donner à la France le leadership des « non-alignés » (discours de Bandoeng) et s'est engagé plus loin dans la politique de décolonisation lancée avant lui (ce qui explique en grande partie son choix de l'indépendance de l'Algérie). Mais quid aujourd'hui ?

Il se trouve que la géopolitique actuelle est très différente de celle des années 1960. Elle est dominée par la volonté impérialiste de la Chine et de l'Iran, et par la distorsion des liens entre les États-Unis et l'Europe. Les armes employées par les deux impérialismes sont différentes : du côté chinois, prise en main du commerce mondial grâce à une politique interne (dictature du Parti qui impose un productivisme sans limites) et au pillage des innovations faites ailleurs dans le monde (aucun respect pour la propriété intellectuelle) ; du côté iranien, terrorisme et destruction des États hostiles à l'islamisme conquérant. Le monde libre se trouve actuellement dépassé par ces deux agressions. Du côté du terrorisme islamiste, aucune coordination n'a été possible, que ce soit en Syrie, au Kurdistan, en Palestine, au Yémen. Il est vrai que, progressivement, les pays arabes (et l'Arabie saoudite elle-même) ont rompu avec Téhéran, mais le fanatisme crée toujours ses dégâts au Moyen-Orient, au Maghreb et au Sahel. La victoire des talibans, mais aussi les attentats de Daech contre les talibans démontrent que les pays occidentaux, mais également les organisations internationales, ONU en tête, ont été incapables de prévention et de répression.

L'État français a-t-il fait récemment les choix adaptés à ces menaces ? La position en Syrie a toujours été contre Bachir El Hassad, l'intervention du président Macron à Beyrouth n'a jamais émoussé le pouvoir du Hezbollah au Liban, et la sympathie pour les Palestiniens du Hamas est au moins équivalente à celle que la France témoigne à l'État d'Israël.

S'agissant de la lutte contre le terrorisme organisé par l'Iran, il est à déplorer que la France ait soutenu la diplomatie de l'Union européenne en 2018 pour restaurer les échanges commerciaux avec l'Iran alors que Donald Trump renforçait le blocus financier et énergétique contre le gouvernement de Téhéran. C'est la France qui, avec INSTEX, entendait protéger les sociétés européennes commerçant avec l'Iran contre les représailles américaines. Et c'est aussi la faute de la France si la Lybie a été livrée aux terroristes, qui ont pu déferler vers le Sahel. L'armée française a été engagée dans l'opération Berkhane menée en partenariat avec les cinq pays du Sahel (Mali, Tchad, Niger, Mauritanie, Burkina Faso), mais cela a conduit la France à cautionner des dictatures militaires et à perdre sans cesse du terrain sur Al-Qaïda, de sorte qu'en juillet de cette année, le retrait des soldats français a été annoncé : des formateurs européens aideront les armées sahéliennes à se battre avec plus de réussite.

Un autre aspect de la diplomatie française en Afrique a été de reprendre contact avec des pays visiblement totalitaires. D'où les déplacements présidentiels au Ghana, au Nigeria, au Kenya, en Éthiopie, en Angola, et sa politique de rapprochement avec Kigali. Ces derniers mois, les discours sur la colonisation sont allés jusqu'à demander pardon pour ce que les Français avaient pu faire au Rwanda, en Algérie. Il est douteux que la France ait gardé quelque crédit dans les pays africains, même francophones, où l'influence de la Chine et de la Russie se renforce sans cesse[54].

Finalement, la diplomatie française actuelle est tous azimuts, sans ligne directrice autre qu'affirmer la volonté de notre pays de jouer un rôle spécifique dans le

---

[54] Bien entendu, l'affaire des sous-marins a révélé le peu de cas que certains pays, dont les États-Unis, peuvent faire de la France. Heureusement, monsieur Attal, porte-parole du gouvernement, a mis les choses au point : les États-Unis ont présenté leurs excuses, et nous les avons obligés à deux concessions : nous associer à eux dans la zone Pacifique, et avoir une défense indépendante de l'OTAN. La propagande se nourrit de mensonges.

monde entier : mais quel rôle ? La faiblesse de la position française est aussi de se calquer sur la diplomatie européenne, qui n'est réellement pas très efficace.

11. Un espace européen ouvert et concurrentiel

Europe espace ou Europe pouvoir ? Malheureusement, l'Union européenne a évolué vers la mise en place d'un pouvoir centralisé et incontrôlé à Bruxelles, à l'opposé de l'idée d'un marché commun et d'un espace ouvert par la suppression des frontières économiques, dans la perspective d'échanges mondiaux eux-mêmes libérés.

Cette évolution n'était pas fatale, le choix européen n'avait pas été fait dans le traité de Rome (1957) qui cependant penchait vers l'ouverture des frontières économiques plutôt que vers la construction d'un pouvoir supranational : il s'agissait d'une Communauté économique européenne (CEE). Après la chute du communisme en Europe, le traité de Maastricht (1992) a tranché dans le sens d'un pouvoir politique européen, et ce pouvoir prend aujourd'hui une inflexion autoritaire sous la houlette de la présidente de la Commission, Ursula von der Leyen[55].

Le dirigisme européen est une réalité nocive, économiquement, juridiquement et politiquement.

Économiquement : très vite, la Commission européenne a prétendu « harmoniser » les conditions de

---

[55] Cf Jacques Garello, *La vérité sur l'Europe*, éd. ALEPS, Génération Libérale, 1995. Cet ouvrage contient un *Manifeste pour l'Europe des Européens* signé de 600 universitaires européens !

production et d'échange et effacer toute différence entre les règles en vigueur dans les États membres. Il faudrait en finir avec la « concurrence dommageable » et aligner la fiscalité, les normes de qualité, les prix de plusieurs produits (notamment agricoles, au nom de la PAC, politique agricole commune désastreuse). Le dirigisme économique a été accentué par la création de l'euro et la politique de la Banque centrale européenne qui a soutenu les États déficitaires et le « plan de relance » qui pénalise les États vertueux et finance ceux qui ont choisi la dette publique. Pourquoi l'Autriche paierait-elle les « largesses » françaises ? Les opérations de la BCE sont strictement contraires à son statut.

Juridiquement, on a vu naître un droit européen que rien n'annonçait, mais qui va devoir être intégré dans chacune des législations nationales. En France, la moitié des textes législatifs retranscrivent des directives européennes. Finalement, l'Europe règlemente tous les États, notamment concernant les relations sociales, la santé, la nationalité, l'énergie et bien sûr l'environnement, préoccupation majeure actuellement.

Politiquement, le « déficit démocratique » ne fait aucun doute. Le pouvoir est concentré entre les mains de la Commission, et le Parlement européen n'a aucun pouvoir, aucun budget (heureusement !). Les Conseils qui réunissent les ministres des États membres n'ont pas un poids suffisant, car il faut une majorité qualifiée pour 80 % des votes, et cela donne un veto au couple franco-allemand ou parfois à la minorité des États membres. Quant à la présidence tournante du Conseil, elle a toujours eu un pouvoir théorique. Enfin, la Cour européenne de justice est de fait sous la coupe de la Commission et juge le plus souvent dans le sens de l'extension des pouvoirs de Bruxelles. C'en est au point que la Cour constitutionnelle de Karlsruhe a refusé l'application en Allemagne des décrets européens sur le « fonds de relance européen ».

En dépit de sa complexité et de son jacobinisme, l'Union européenne démontre sans cesse son inefficacité. Elle a notamment échoué dans sa diplomatie (politique face à l'Iran), dans les négociations économiques multilatérales menées avec les États-Unis et l'Amérique latine, dans les relations avec le Royaume-Uni. Elle est suicidaire dans sa politique monétaire (pourtant théoriquement en dehors de ses compétences). L'euro n'est pas accepté dans 8 pays sur 27. Elle est profondément divisée sur de nombreuses questions, et de nombreux pays, notamment de l'Europe centrale et Baltique, se refusent à suivre les directives et s'exposent ainsi à de lourdes sanctions (par exemple, la Pologne et la Hongrie). La crise sanitaire a encore creusé les écarts, du moins jusqu'à ce qu'au 1er juillet dernier, la Commission rende obligatoire le Passeport sanitaire QR.

L'inefficacité de l'Union a été masquée au grand public par le rôle dominant joué par le couple Merkel-Macron, mais le retrait politique de la chancelière et le programme de la coalition issue des élections allemandes de cet automne ont changé la donne et révélé que l'Union est incapable d'avoir une réponse à donner à deux périls majeurs appelés Poutine et Erdogan.

La Russie n'a jamais envisagé de rejoindre l'Union, le projet de Poutine a toujours été depuis 2000 de reconstruire l'empire du Kremlin décomposé en 1991. Il a pu facilement contrôler la Biélorussie, il a annexé la Crimée jusque-là ukrainienne, ainsi que l'Ossétie, il a aujourd'hui des cibles importantes, comme l'Ukraine, et dans le conflit opposant l'Arménie à l'Azerbaïdjan, les Russes ont volontairement laissé les Arméniens écrasés par les Azéris et les Turcs. Plus inquiétant encore : les visées de la Russie sur les pays baltes. Estonie, Lettonie et Lituanie s'inquiètent de la passivité de l'Union européenne et craignent que les tensions avec les États-Unis et la déliquescence de l'OTAN les privent d'une réelle protection contre le Kremlin. Enfin, le pipeline Nord Stream 2 liant directement la Russie à l'Allemagne vient d'être terminé et augmente la pression de la Russie sur l'Ukraine et la Pologne. L'Union européenne et les États-Unis[56]

---

[56] Joe Biden a abandonné en mai dernier toute pression sur la Russie pour obtenir qu'elle réalise les branchements prévus. Ce revirement de la diplomatie américaine est sans doute dû à la volonté d'Angela Merkel, présidente cette année de l'Union européenne, de donner priorité aux intérêts de l'Allemagne qui a désormais un accès direct au gaz russe. Ce revirement a été d'autant plus spectaculaire qu'au cours de la réunion de l'Otan, le secrétaire d'État Anthony Blinken avait déclaré : « *Le président Biden a été très clair lorsqu'il a dit que ce projet de gazoduc est une mauvaise idée pour l'Europe et pour les États-Unis.* »

ont été incapables de tenir tête à Poutine qui n'a eu cure des promesses de créer des branchements vers l'Europe centrale. Parallèlement se poursuit la construction de l'autre route du gaz : le pipeline du Sud (*South Stream*) dont le tronçon reliant Russie et Turquie est terminé : marque d'une profonde alliance entre Poutine et Erdogan.

Erdogan a pris depuis quelques années une position encore plus radicale de soutien à l'islamisme. Non seulement dans son propre pays, mais aussi dans plusieurs pays de l'ancien empire austro-hongrois, il se fait protecteur des musulmans, renouant avec la traditionnelle politique de l'Empire ottoman. Erdogan a pour ambition d'imposer la loi turque en Méditerranée, et ses visées africaines sont connues. Égypte, Algérie, Éthiopie sont les pays où la Turquie joue un rôle important. La politique expansionniste d'Erdogan est certes avant tout économique : contrôler des sources d'énergie, implanter des entreprises commerçant avec la Turquie, construire et équiper. Mais elle s'accompagne volontiers d'une dimension culturelle et religieuse : à travers les écoles et les investissements, développer ce qui est musulman. Enfin, il nourrit un mépris certain pour l'Union européenne, ce qui s'est traduit par « l'affaire du sofa » : il a humilié la présidente de la Commission Ursula von der Leyen en ne respectant pas le protocole qui place la présidence avant les ministres de l'Union.

Cet incident a été d'autant plus remarqué que madame von der Leyen veut réellement donner un gouvernement à l'Europe. Elle assigne à ce gouvernement une mission prioritaire : lutter contre le réchauffement climatique, conformément aux accords de Paris, et accélérer la transition énergétique en éliminant les énergies non renouvelables. La présidente a pris deux décrets qui ont révolté plusieurs États et peuples de l'Union. L'un relance l'écotaxe, destinée à pénaliser les transports routiers et les véhicules jugés pollueurs, car la Commission a fixé une diminution de 50 % de l'émission de CO^2 en 2025. L'autre est le Pass Sanitaire européen, rendu obligatoire pour circuler dans l'espace européen. Dans un cas comme dans l'autre, l'Union européenne se croit autorisée à user de la contrainte pour assujettir les individus, une démarche réservée ordinairement aux États membres. De la sorte, nous voici sous la coupe d'un pouvoir exorbitant contre lequel nous n'avons aucun moyen de nous défendre. Ce pouvoir va certainement être renforcé et exploité par la présidence française à partir du 1er janvier 2022. Emmanuel Macron, candidat, présentera l'Union européenne comme l'annexe de la politique française : c'est une excellente façon de concilier le souverainisme et l'européisme, les électeurs de droite sont ainsi interpelés (retour à la mise en scène de 2017).

12. En finir avec la peste verte[57]

L'écologie peut être la meilleure ou la pire des choses. Ici encore règne l'ambiguïté, elle s'est révélée en particulier dans les encycliques « Laudato Si » et « Fratelli Tutti » du pape François[58] : la nature (végétale, animale) est-elle sous la garde bienveillante des êtres humains (« Dominez la terre ») ou impose-t-elle aux êtres humains de changer leurs institutions et leurs politiques ? La différence est décisive entre écologie économique et écologie politique.

Aujourd'hui, dans le cadre de la pensée unique, c'est l'écologie politique qui l'emporte. « Les Verts » (au demeurant de diverses obédiences), même électoralement très minoritaires, ont conquis des villes importantes. Et la Convention citoyenne pour le climat (CCC) a été très écoutée et très suivie par Emmanuel Macron. Pour une fois, ce n'est pas une exception française, l'écologie politique est planétaire, dans tous les sens du terme : elle dénonce les risques courus par la planète, et elle propose des politiques qui ne peuvent être efficaces qu'au niveau planétaire.

---

[57] La peste verte est le titre d'un ouvrage de Gérard Bramoullé, *La Peste Verte*, éd. Les Belles Lettres (1994), qui a été parmi les tout premiers à dénoncer l'idéologie marxiste qui soutient le concept de « développement durable ». On peut aussi se référer à l'ouvrage de Vaclav Klaus, *La planète bleue en péril vert*, 2009, éd. IREF, préface de Jacques Garello. Le sous-titre du livre est explicite *: Qu'est-ce qui est en danger aujourd'hui : le climat ou la liberté ?*
[58] Jean Yves Naudet *Fratelli Tutti* article dans *Le Journal des Libertés*, printemps 2021

Il y a en effet dans cette affaire une entreprise de totale remise en cause du système économique mondial : ce serait le libre-échange et la loi du marché qui seraient à l'origine de la catastrophe qui menace la nature. C'est le concept de « développement durable » qui légitime les peurs et appelle à une vraie révolution systémique. Se greffe aussi sur ce fond économique la philosophie « post moderne » qui croit observer une dégradation de l'être humain, devenu destructeur, raciste, violent, voire criminel : il faut donc en finir avec la culture moderne véhiculée par la société de consommation et de profit.

Cette entreprise de « destructionnisme culturel » (*cancel culture*) se marie avec une désinformation bien organisée au niveau mondial. Il fallait d'abord remettre en cause les inégalités tenues pour scandaleuses entre pays riches et pauvres. Ressuscitant le vieux thème marxiste de Lénine et Rosa Luxembourg, « l'impérialisme » des pays riches en quête de rentabilité a sans doute permis d'atténuer la lutte de classes au Nord, mais en bénéficiant du pillage des ressources naturelles du Sud. C'est à la conférence de Rio en 1992 que les nostalgiques du communisme apparemment défait l'année précédente lancent une alerte contre les méfaits de la mondialisation. Très vite, les anticapitalistes voient l'intérêt des rapports et études publiés par le GIEC (Groupe d'Experts Intergouvernemental sur l'Évolution du Climat, organisation onusienne créée en 1988 à la demande du G7) dont le rôle est « *d'expertiser l'information scien-*

tifique, technique et socio-économique qui concerne le risque de changement climatique provoqué par l'homme ». Le problème est dès l'origine que les changements climatiques ne sont pas nécessairement un « risque », ils peuvent être un drame ou une aubaine, et que le GIEC doit bien insister sur la responsabilité de l'homme dans ces changements. Comment peut-on effacer d'un coup de textes écrits par n'importe qui[59] l'expérience historique de centaines de siècles qui ont connu réchauffements et glaciations ? L'innovation du GIEC est de mettre l'humanité en accusation, et il suffit de diagnostiquer que c'est la croissance économique qui crache du CO^2 supposé meurtrier pour le climat, et que la croissance économique doit être ralentie ou contrôlée, ce qu'empêche la mondialisation libérale. Ce n'est en fait qu'une réédition du rapport Meadows et des thèses du Club de Rome qui en 1972 voulaient en finir avec l'économie de marché pour lui substituer une planification globale, car « l'effondrement » lui aussi global devait être prévu en l'an 2000[60]. Mais la relance écologique va recevoir de nombreux appuis.

---

[59] Mais toujours des auteurs avalisés par leurs États, car à l'ONU, seuls les États comptent, et chaque État a une seule voix quelle que soit sa population.

[60] Mais les tenants de l'effondrement, tel Jean-Marc Jancovici, ont calculé avec plus de rigueur la date de l'effondrement, et l'ont établie à 2100, de sorte que les détracteurs des thèses écologiques actuelles ne puissent pas démontrer qu'ils avaient eu raison !

D'une part, les COP (Conférences entre Parties sur le Climat) vont se succéder à partir de 1995 (Berlin) et recevront un très fort écho médiatique[61], même si les résultats sont nuls puisque Chine et États-Unis n'acceptent pas la réduction des émissions de CO_2. D'autre part, Al Gore, candidat malheureux à la présidence américaine (battu par Trump en 2016) se fait l'avocat mondial de la lutte contre le réchauffement climatique au nom de la justice sociale : le réchauffement atteint par priorité les gens les plus déshérités et accroît l'inégalité des revenus dont personne ne saurait douter[62]. Avec l'appui de Bill Clinton et de sa fondation mondiale, il convainc l'élite des grands patrons du monde entier qui se réunissent à Davos dans le cadre du Forum Économique Mondial qu'il faut à tout prix prendre des mesures pour limiter la hausse des températures à 2°.

Voilà comment les Verts deviennent progressivement les artisans d'un gouvernement mondial confié à une technocratie supranationale, sans doute plus efficace que l'ONU : c'est « le grand renouveau[63] ».

---

[61] La COP 21 tenue à Paris en 2015 a été célèbre par le discours du président Hollande prononcé sous une pluie battante.

[62] Grâce en particulier à ce génie de l'économie qu'est Piketty. Cf. J.Ph. Delsol et N. Lecaussin, *Anti-Piketty : vive le capital au XXIème siècle*, (2015) éd. Libréchange.

[63] *Great reset* : voir à ce sujet l'ouvrage de Éric Verhaege, *Le Great Reset : mythes et réalités*, qui se réfère aux écrits de Klaus Schwab, fondateur de Davos, et Thierry Mailleret, directeur de Davos (*La grande réinitialisation*).

Les milliards coulent à flots, mais le plus important est la propagande pour lutter contre la logique marchande et pour la « justice sociale ». La déforestation en Amazonie, les menaces sur la biodiversité, l'admiration pour les animaux sauvages et prédateurs, les consommations véganes, l'agriculture locale et bio, les boucheries attaquées, le diesel interdit, l'avion interdit, le nucléaire interdit, la construction interdite, les jardins sur les toits[64] et quantité d'autres insanités véhiculées par les médias et la classe politique. En clair, il faut réinventer le passé et reconstituer une humanité la plus proche possible de l'animalité, humanité malheureusement égarée par l'invention du feu, de l'outil, de la maison, et pire que tout, du marché et de la monnaie.

Il s'agit bien d'insanités :

– le réchauffement climatique anticipé par les algorithmes du GIEC n'a aucune précision ni aucune certitude, l'Antarctique a plutôt tendance au refroidissement ;

– il n'y a aucun lien historique entre croissance économique et réchauffement climatique ;

– le CO^2 n'est pas l'ennemi de la nature, il lui est vital ;

– l'épuisement des ressources naturelles ne peut exister puisqu'aucune ressource n'est naturelle : c'est

---

[64] « Pour assurer l'auto-suffisance des urbains » (sic) habitant New York.

l'homme qui définit et crée ce qui est appelé « ressource », la seule ressource est donc humaine[65] ;

– la meilleure façon de veiller à la nature qui a été confiée aux êtres humains est de leur reconnaître la propriété privée, personnelle ou en commun. Or, les Verts sont opposés à la propriété quand elle n'est pas collective[66] ;

– c'est une minorité éclairée qui nous guide vers un monde meilleur ; voilà sanctifiée la « fatale présomption » de l'organisation rationnelle de la société.

La liste peut être allongée, enrichie par une série d'ouvrages et de rapports écrits par des personnes qualifiées qui démontrent que « les écolos nous mentent[67] ». Mais ils ont réussi à imposer leur doctrine aux enfants et aux jeunes, la Loi sur l'École de la Confiance prévoit un article 9 qui « *modernise et élargit le contenu de l'éducation à l'environnement et au développement durable en intégrant pour la première fois dans le Code de l'éducation les notions*

---

[65] Julian Simon *L'homme notre dernière ressource* (PUF 1988) Le pétrole n'est devenu ressource qu'avec le moteur à explosion

[66] 20 000 fermes collectives prévues dans le programme du candidat Piolle, maire de Grenoble. En URSS, on appelait ça des kolkhozes !

[67] Jean de Kervasdoué, *Les écolos nous mentent* (Albin Michel, 2021). Le livre explosif est bien celui de Steven E. Koonin, *Unsettled: What Climate Science Tells Us, What It Doesn't, and Why It Matters* (avril 2021). Voir aussi l'article d'Alain Mathieu, « Le rapport incohérent du GIEC » (*Lettre des Libertés de l'IREF*, 25 août 2021).

de transition écologique, de biodiversité et de lutte contre le réchauffement climatique[68] ».

Les Verts nous privent de la liberté de chercher, d'innover, de nous tromper et (pire encore) de réussir. Le libéralisme a confiance en l'être humain, en la diversité des talents et des expériences. L'être humain, à la différence de tout être animal, est capable de reconnaître ses erreurs et de retrouver le bon chemin.

13. Préserver la vie privée

Si le pouvoir actuel, comme les précédents, a été incapable de réaliser la moindre réforme structurelle dans les domaines économique, social et sécuritaire, il a excellé dans les réformes dites « sociétales ». La dénomination est importante : il s'agit de changer les mœurs de la société.

L'ambition n'est pas nouvelle : voilà des années que des gouvernements (réputés de droite d'ailleurs) ont réformé des institutions séculaires, comme le mariage, par exemple (et ce qui l'accompagne parfois, le divorce). Certes, les libéraux, y compris les libéraux conservateurs, plus nombreux qu'on le pense, ne nient pas l'importance des règles sociales ni leur nécessaire évolution. Mais à leurs yeux, les règles sociales ne peuvent s'établir par décret de l'État, et l'État ne peut les faire évoluer au mépris des droits individuels.

---

[68] Loi publiée au JO du 28 juillet 2019 et validée par le Conseil constitutionnel. Sur les relations entre écoles et parents, cf supra pp. 73 sq.

Un bon exemple est la politique « féministe » menée avec ardeur depuis 2017. Le candidat Macron en avait fait l'une des priorités de son quinquennat, et l'a donnée aussi comme priorité au G7 quand il l'a présidé. S'il s'agit de réaliser l'égalité de droit entre hommes et femmes et de lutter contre les discriminations liées au genre, nous sommes dans une logique libérale. Mais si, à l'inverse, on décrète la négation des genres et si l'on fait une discrimination positive afin de promouvoir les femmes (comme l'obligation de parité), c'est un décret sociétal totalement arbitraire.

En allant plus loin dans la politique féministe, la loi dite « éthique » autorise la PMA pour les couples homosexuels, mais prévoit le remboursement des FIV par la Sécurité sociale. Ici, on oblige des millions de cotisants et de contribuables à financer une démarche qu'ils n'approuvent peut-être pas. Le problème est le même pour le remboursement de l'IVG qui, aux yeux de beaucoup de personnes, les rend complices d'un crime contre la vie d'un enfant à naître. Libre aux femmes de se comporter comme elles le souhaitent, mais l'État ne peut pas forcer ses « sujets » à approuver des changements qui sont contraires aux droits individuels au simple prétexte que « les mœurs » ont évolué.

L'évolution des mœurs a également inspiré la proposition de loi « *donnant et garantissant le droit à une fin de vie libre et choisie* ». Son article premier avait été voté le 8 avril dernier, et élargissait le champ de l'euthanasie. Ici encore, le législateur socialise la demande de suicide, puisqu'est prévue désormais *une assistance médicalisée à mourir* dont les frais seront à la charge de la Sécurité sociale[69].

Une autre réforme sociétale jugée intolérable par beaucoup de Français concerne l'éducation des enfants : c'est la « Loi pour une École de la Confiance[70] ». D'une part, elle vise à établir une hiérarchie entre les enseignants et les parents. Désormais, il est acquis que l'éducation n'appartient plus aux familles, mais aux écoles, qui elles-mêmes sont sous le contrôle de l'État. En effet, la loi (article 11) entend « *lutter contre les inégalités dès le plus jeune âge en abaissant l'âge de l'instruction obligatoire à 3 ans* » et pour ce faire prive les parents de la liberté de choisir l'âge auquel leurs enfants seront scolarisés. D'autre part, la loi entend contrôler toute initiative éducative prise en dehors des écoles publiques et des écoles privées sous contrat qui respectent les diktats ministériels (ce qui est hélas le cas). Les écoles privées religieuses hors contrat, et a fortiori les écoles familiales, sont désormais sous le contrôle de l'État (article 19), aux bons soins des maires.

---

[69] Les termes exacts méritent d'être retenus : « *une assistance médicalisée à mourir peut être demandée par toute personne capable et majeure* », si elle se trouve dans une phase « *avancée ou terminale* » d'une affection « *grave et incurable* », provoquant une souffrance « *physique ou psychique* » qui « *ne peut être apaisée* » ou que la personne concernée juge « *insupportable* ».

[70] Encore appelée « loi Blanquer », bien qu'il s'agisse de la mise en œuvre d'une promesse faite par le président Macron en mars 2018 : seules les promesses liberticides auront été tenues.

Il ne fait aucun doute que ces réformes sociétales sont intolérables pour grand nombre de croyants, de sorte qu'elles peuvent légitimement passer pour une agression contre les principes religieux qui guident une partie importante de la population. Peu importe d'ailleurs le nombre de ces croyants et la religion qu'ils confessent. Du moment qu'une religion ne porte atteinte ni à la vie ni aux biens des individus, l'État n'a aucun droit de limiter ou d'obérer les actes de ceux qui s'en réclament, sous peine d'attenter à la liberté religieuse, dont l'Histoire démontre qu'elle a été à l'origine des libertés publiques. Bien entendu, l'État a le devoir de mettre fin aux tentatives de ceux qui, au nom d'une religion, prétendent imposer un mode de vie au reste du monde.

Le conflit entre vie privée et domaine régalien est devenu d'une intensité et d'une violence extrêmes avec le communautarisme actuel, qui tire son énergie du désir des islamistes radicaux d'imposer la charia en France, fût-elle contraire à la loi et aux mœurs de notre pays. Le problème n'est pas d'interdire aux musulmans de pratiquer leur religion, mais de ne pas tolérer les excès de ceux qui veulent soumettre le monde entier à la loi islamique. Cela est d'ailleurs bien compris de très nombreux musulmans[71].

Mais aujourd'hui, l'État s'abrite derrière le principe de laïcité, et le comprend comme le devoir d'effacer toute trace religieuse, visible ou non, dans la société française, persuadé que la religion accroît les inéga-

---

[71] Cf *Journal des Libertés*, printemps 2021, « Dossier sur l'islam ».

lités sociales et dresse tout le monde les uns contre les autres. Cela a débouché par exemple sur les restrictions exagérées et durables apportées au culte à l'occasion des confinements successifs. Il s'agit alors d'une « laïcité de combat » tendant à paralyser toute expression publique de la religion. En réalité, tout se passe comme si la seule religion tolérée par l'État était la religion d'État, dont le credo est gravé dans « les valeurs de la République ».

Cette ingérence dans la vie personnelle et cette atteinte aux croyances et aux cultes religieux sont inadmissibles. La vie privée doit être protégée, y compris du despotisme politique ; l'État n'a pour mission que de garder la liberté et la propriété hors d'atteinte, ce qu'il ne fait pas, tout au contraire, il tente de plus en plus d'attenter à la liberté et à la propriété.

Épilogue
Le Rendez-vous de 2022

À quelques semaines des élections présidentielles de mai 2022, beaucoup de Français, pourtant révoltés par l'évolution politique, économique et sociale de leur pays, se sont résignés et ont cru que tout allait se résumer à un affrontement entre le candidat du despotisme et la candidate du populisme.

Ces Français-là se sont trompés et, contre toute attente, les élections de 2022 ont déjoué les pronostics. Sans doute les pronostiqueurs avaient-ils quelques raisons d'être pessimistes pour l'immédiat. Au mois d'octobre 2021, il n'y avait aucun leader ni aucun parti porteur d'un message de rupture et d'espoir. La campagne du président sortant, entamée dès le printemps, allait se développer comme prévu : auto-satisfaction puisque la « 4e vague » de l'automne aurait été vaincue, milliards de l'indemnisation et de la relance, discours habilement relayé par les médias aux ordres pour séduire alternativement la droite, la gauche, les verts et les rouges, lancement de candidatures de diversion pour piper les voix d'électeurs tentés par les votes rejet ou l'abstention, grandes envolées européennes comme si Paris devenait la nouvelle capitale de l'Union.

Mais les pronostiqueurs avaient ignoré ou sous-estimé plusieurs évolutions en quelques mois.

Première évolution : après les errements de « la droite », un candidat de qualité s'était déclaré et sa cote avait rapidement monté, tout comme François Fillon en 2017, inattendu des primaires de la droite et finalement à deux doigts d'être au deuxième tour (en dépit des complots, des trahisons et des maladresses). La preuve est donc faite qu'un candidat réellement novateur et réformiste peut faire une percée rapide, et le vote libéral lui est acquis.

Deuxième évolution : le vote libéral, en sommeil depuis des années, s'est reconstitué en six mois, d'octobre à mars, grâce à un sursaut de la société civile. Les libéraux avaient multiplié les rencontres, les séminaires, les clubs pour diffuser les idées de la liberté, et grâce à ces actions capillaires de bon niveau et de faibles coûts, ils avaient constitué des réseaux plus sérieux et finalement plus payants que lesdits réseaux sociaux. En d'autres termes, les centres de vaccination s'étaient multipliés au niveau local.

Dans ces conditions, on en est venu à la veille des présidentielles à n'envisager que deux hypothèses : soit une défaite d'Emmanuel Macron et une nouvelle majorité parlementaire en vue, soit une étroite victoire d'Emmanuel Macron mais une lourde défaite aux législatives d'un parti « Horizons » improvisé et absent sur le terrain, comme l'avaient prouvé les européennes, les municipales, les régionales et les départementales.

Dans tous les cas, une ou deux injections du vaccin libéral avaient mis fin à la tyrannie du statu quo.

Bienheureux ceux qui avaient compris et accompagné les bienfaits du vaccin libéral. La France pouvait enfin se libérer des années, voire des siècles d'un étatisme ruineux et liberticide, les Français pouvaient exprimer leur énergie et leurs talents dans une société de confiance et d'harmonie retrouvées. Le libéralisme était bien au rendez-vous de 2022.

Bibliographie

Cette bibliographie ne concerne que les auteurs cités au texte ou en note de cet ouvrage. Il va de soi que la bibliographie sur le libéralisme devrait nous valoir plusieurs dizaines de pages. On peut cependant la retrouver sur le site libres.org.

AFTALION Florin, *L'Économie de la Révolution française*, Hachette, coll. « Pluriel », réédition en 1996, PUF, coll. « Quadrige ».

AFTALION Fred, *Pourquoi ne pas le dire ?* éditions du Trident, 2012.

ATIAS Christian, *Philosophie du droit*, 4ème édition, Thémis PUF, 2016.

BASTIAT Frédéric, *Ce qu'on voit et ce qu'on ne voit pas*, éd. Romillat, 3ème édition, janvier 1994, préf. Jacques GARELLO.

BECKER Garry, *Human Capital: A Theoretical and Empirical Analysis*, University of Chicago Press, 1964.

BECKER Garry, « Augmenter le salaire minimum, c'est augmenter le chômage » (trad. *Business week*, 1995).

BRAMOULLÉ Gérard, *Libertés et finances locales* : *Pourquoi l'explosion des impôts locaux ?* librairie de l'Université Aix-en-Provence, éd. IREF, préf. Jacques GARELLO, 2006.

BRAMOULLÉ Gérard, *Le Livre Noir de la Fiscalité Locale*, éd. Economica, 2006.

BRAMOULLÉ Gérard, *La Peste Verte*, éd. Les Belles Lettres, 1994.

BUCHANAN James et TULLOCK Gordon, *The Calculus of Consent*, 1962. Cf aussi Gordon Tullock, *Le marché politique*, éd. Economica, 1978 (traduction d'un ouvrage publié par *Institute of Economic Affairs*, Londres).

DEBROAS Liliane, « Les expériences de libre choix de l'école » dans le *Journal des Libertés*, été 2021.

DELSOL J.Ph. et GARELLO Pierre, *La flat tax : une révolution pour la France*, éd. IREF, 2009, d'après l'ouvrage de Robert E.Hall et Alvin Rabushka, *La flat tax : une révolution fiscale*, éd. du Cri, 2009.

DELSOL J.Ph. et LECAUSSIN Nicolas, *Anti-Piketty : vive le capital au XXIème siècle*, éd. Libréchange, 2015.

FACCHINI François, *Les dépenses publiques en France*, De Boeck, 2021.

FELDMAN Jean-Philippe, *Exception française : Histoire d'une société bloquée de l'Ancien Régime à Emmanuel Macron,* Odile Jacob, mars 2021.

FOURASTIE Jean et BAZIL Béatrice, *Le Jardin du Voisin : les inégalités en France*, Le livre de poche/Collection pluriel, 1980.

FRIEDMAN Milton, *Capitalisme et Liberté*, Robert Laffont, 1971.

FUKUYAMA Francis, *The End of History and the Last Man* (1992), trad. française *La Fin de l'histoire et le Dernier Homme*, éd. Flammarion, 1992.

GARELLO Jacques, *Comment sauver vos retraites*, éd. Libréchange, 2014.

GARELLO Jacques, « Biens publics, Services publics, Dépenses publiques » dans le *Journal des Économistes* n°5, juillet 2019.

GARELLO Jacques, LEMENNICIER Bertrand, LEPAGE Henri, *Cinq questions sur les syndicats*, éd. PUF, 1990.

GARELLO Jacques, *La vérité sur l'Europe*, éd. ALEPS Génération Libérale, 1995.

GERONDEAU Christian, *La religion écologiste*, éd. L'artilleur, mai 2021.

HAYEK (von) Friedrich, *La présomption fatale : les erreurs du socialisme*, trad. R. AUDOUIN, Paris, Presses universitaires de France, 1993. Titre original : *The Fatal Conceit: The Errors of Socialism*, 1988.

HAYEK (von) Friedrich, *The Constitution of Liberty*, University of Chicago Press, 1960, trad. Raoul AUDOUIN et Jacques GARELLO, *La Constitution de la liberté*, Litec, collection Libéralia, 1994.

JEAN PAUL II (Karol Wojtyla), *Personne et Acte*, réédition 2011, préf. Aude Suramy, éd. Parole et Silence, coll. Collège des Bernardins.

JOUVENEL Bertrand (de) B. de Jouvenel, *Du Pouvoir : Histoire naturelle de sa croissance*, Genève, éd.

Cheval ailé, 1945. Réédité en 1994, collection Pluriel, Hachette, 1972.

KERVASDOUE Jean (de), *Les écolos nous mentent*, éd. Albin Michel, 2021.

KIRZNER Israël, *Perception, Opportunity and Profit: Studies in the Theory of Entrepreneurship*, éd. University of Chicago Press, trad. Raoul AUDOUIN, *Concurrence et esprit d'entreprise,* préf. Pierre GARELLO, éd. Economica, 2005.

KLAUS Vaclav, *La planète bleue en péril vert – Qu'est-ce qui est en danger aujourd'hui : le climat ou la liberté ?* éd. IREF, 2009.

KOONIN Steven E., *Unsettled: What Climate Science Tells Us, What It Doesn't, and Why It* Matters, avril 2021.

LECAUSSIN Nicolas, *L'obsession anti-libérale française*, éd. Libréchange, 2014.

LISNARD David et M'FADELL Naïma, « Renouons avec le modèle assimilationniste qui a fait la force de la France », *Le Figaro*, 8 juillet 2021.

MATHIEU Alain, *Le modèle antisocial français*, éd. Du Cri, Contribuables Associés, 2009.

NAUDET Jean Yves, « Fratelli Tutti », article dans *Le Journal des Libertés*, printemps 2021.

NEMO Philippe, *Philosophie de l'impôt*, éd. PUF, 2017.

OBIN Jean-Pierre, *Comment on a laissé l'islamisme pénétrer l'école*, éd. Hermann, 2020.

RUEFF Jacques, *L'Ordre social*, éd. Librairie de Médicis, 1945.

SALIN Pascal, *La Tyrannie Fiscale*, éd. Odile Jacob, 2014.

SALIN Pascal, *Le vrai libéralisme : Droite et gauche unies dans l'erreur*, éd. Odile Jacob, 2019.

SCHWAB Klaus et MAILLERET Thierry, *La grande réinitialisation*, Forum Publishing, 2020.

SIMON Julian, *L'homme, notre dernière ressource*, éd. PUF, 1988.

SMITH Adam, *Théorie des sentiments moraux*, Payot, 2016 (édition originale : 1759).

VARAUT Jean-Marc, *Le droit au Droit*, éd. PUF, coll. Libre Échange, 1986.

VERHAEGUE Eric, *Le Great Reset : mythe et réalités,* Culture et racines, 2021.

VILLEY Daniel, *À la recherche d'une doctrine économique*, éd. Genin, 1966.

AVANT PROPOS 7

Chapitre 1 : Histoire de l'exception française 11
Chapitre 2 : Pourquoi la servitude ? 19
Chapitre 3 : Caricatures du Libéralisme 31
Chapitre 4 : Nature et principes du libéralisme 37
Chapitre 5 : Les réformes libérales en perspective . 57
Épilogue : Le Rendez-vous de 2022 109

Bibliographie 113

Du même auteur

Idées pour un manifeste libéral, *préface de Jacques Rueff*, ALEPS, 1973

Lettre ouverte à nos dirigeants, *préface de Louis Pauwels*, Albatros, éd. 1986

Programme pour un Président, Albatros, éd. 1986

Économie et Communication, Albatros, éd. 1989

Cinq questions sur les syndicats *(en collaboration avec Bertrand Lemennicier et Henri Lepage)*, P.U.F, coll. Libre Échange, éd. 1990

Abécédaire de Sciences Économiques *(en collaboration avec Jean Yves Naudet)*, Albatros, éd .1991

Programme pour un Parlement, France Empire, éd. 1993

La vérité sur l'Europe, ALEPS, Génération Libérale, éd. 1995

Le contrat libéral, ALEPS, Génération Libérale, éd. 1995

L'économie en questions, IEEH, éd. 1998

Aimez-vous Bastiat ? Romillat, éd. 2004

Futur des Retraites et Retraites du futur *(en collaboration avec Georges Lane)*

   – Tome 1 : *Le futur de la répartition*, Librairie de l'Université Aix, éd. 2008

Futur des Retraites et Retraites du futur *(en collaboration avec Georges Lane)*

– Tome 2 : *La capitalisation*, Librairie de l'Université Aix, éd. 2008

Futur des Retraites et Retraites du futur (*en collaboration avec Georges Lane*)

– Tome 3 : *La transition*, Librairie de l'Université Aix, éd. 2009

Connaissance du libéralisme, ALEPS, SEFEL, éd. 2010

Se passer de l'État, ALEPS, SEFEL, éd. 2011

Portraits de philosophes, ALEPS, SEFEL, éd. 2012

Portraits d'économistes, ALEPS, SEFEL, éd. 2012

Comment sauver vos retraites ? Libréchange, éd. 2014

Le vote Libéral, Libréchange, éd. 2016

Découvrez les autres collections de JDH Éditions

Magnitudes

Drôles de pages

Uppercut

Nouvelles pages

Versus

Les Collectifs de JDH Éditions

Case Blanche

Hippocrate & Co

My Feel Good

Romance Addict

F-Files

Black Files

Les Atemporels

Quadrato

Baraka

Les Pros de l'Éco

Sporting Club

Tierra Latina

Suivez **JDH Éditions** sur les réseaux sociaux
pour en savoir plus sur les auteurs,
les nouveautés, les projets…

Inscrivez-vous à notre Newsletter sur
www.jdheditions.fr
Pour recevoir l'actualité de nos nouvelles
parutions